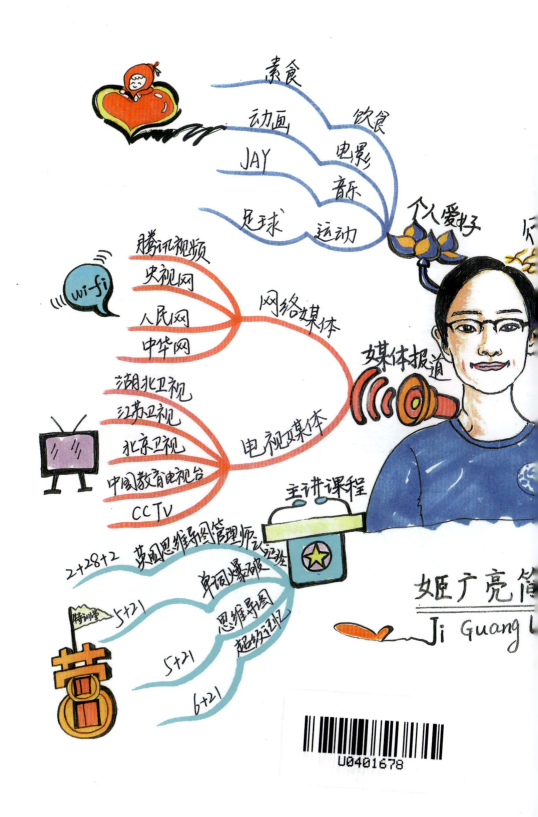

思维导图

业背景 idea

- 大陆派
- 首席导师
- 保持者
- 世界记忆纪录
- 世界记忆大师
- 教练
- 最强大脑
- 教练
- 思维导图
- 英国官方注册导师

行业成绩

- 扑克牌 52分钟
- 67秒 5分钟 随机数字 200个
- 4天 国学经典 《道德经》
- 7天 英语单词 《大学四级3600》
- 最长单词 世界纪录 PHEU...

出版 Book

- 图书《大脑开发秘册》 记忆法、思维导图
- 《唤醒了你的大脑》 思维导图
- 《给孩子的8堂思维导图课》 思维导图

给孩子的8堂
超级记忆课

姬广亮 ◎ 著

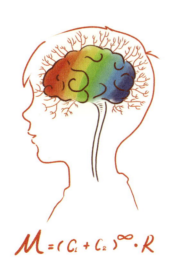

机械工业出版社
CHINA MACHINE PRESS

这是一本针对中小学生的记忆方法书，帮助家长和孩子解决"记不住"的苦恼：课文记不住，熬到大半夜；公式记不住，数学一塌糊涂；单词记不住，学习没兴趣；辅导班天天上，补课没效果……将记忆转变为日常最有趣的事情，让孩子一学就会，爱上学习，快速提升记忆力，提高学习成绩。

图书在版编目（CIP）数据

给孩子的8堂超级记忆课 / 姬广亮著. —北京：机械工业出版社，2019.10（2023.2重印）
ISBN 978-7-111-63476-8

Ⅰ.①给… Ⅱ.①姬… Ⅲ.①中小学生-记忆术-学习方法 Ⅳ.①G632.46

中国版本图书馆 CIP 数据核字（2019）第 173042 号

机械工业出版社（北京市百万庄大街22号　邮政编码100037）
策划编辑：刘春晨　　责任编辑：刘春晨
版式设计：张文贵　　责任校对：孙丽萍
封面设计：吕凤英　　责任印制：李　昂
北京瑞禾彩色印刷有限公司印刷
2023年2月第1版·第8次印刷
169mm×239mm·12.5印张·1插页·142千字
标准书号：ISBN 978-7-111-63476-8
定价：59.80元

电话服务　　　　　　　　　网络服务
客服电话：010-88361066　　机　工　官　网：www.cmpbook.com
　　　　　010-88379833　　机　工　官　博：weibo.com/cmp1952
　　　　　010-68326294　　金　书　网：www.golden-book.com
封底无防伪标均为盗版　　　机工教育服务网：www.cmpedu.com

自 序
站在巨人的肩膀上舞蹈

我很小的时候，经常让大人们感到头大。也许是因为年龄小、入学早，在班里我总是与其他小朋友格格不入。我经常会把作业本画得乱七八糟，重写作业自然是难免的事。在一次重要的期末考试中，为了使卷子上的胡萝卜可爱一点，我硬是用彩铅把它涂成了五颜六色。然而，让大人们奇怪的是，我的学习成绩却一直不赖，甚至可以说很优秀。

后来，大人们终于找我谈话了，他们义正词严地问："老实回答，你是怎么学习的？"我说："其实我并没有怎么学，只不过把那些看起来很枯燥的知识，画成涂鸦，在大脑里想象成好玩的故事罢了！"直到我看了达·芬奇的笔记，牛顿、爱因斯坦、尼古拉·特斯拉的自传，我才知道，原来自己这套"古怪"的学习方法，非常接近开发"最强大脑"的方式。

可是这些小打小闹的"花拳绣腿"，并未让我的大脑变得更厉害，直到我的哥哥传授给我一些"记忆秘籍",才算打通了我的"任督二脉"。

哥哥上初中时,因为得了鼻炎,记忆力严重下降,学习成绩直线下滑。一次期中考试,他的英语只考了8分,这对于他来说简直是奇耻大辱。于是,他偷偷攒了几个月的生活费,买了当时《英语周报》广告栏上所谓"一目十行,过目不忘"的记忆宝典,结果却大失所望,不但"过目不忘"的神功没有练成,反而记忆力越来越差。他疯了似的,开始寻找各种记忆方法恶补。他把能够买来的记忆方法和学习方法逐一试验,大有"神农尝百草"的勇气,结果却都不如意。后来,哥哥终于找到了一种适合自己的记忆方法,记忆力飞速提高,常常小半天即可背诵一学期的英语单词,并且成了学校里不折不扣的"学霸"。我总跟他开玩笑说:"这次考试,你的排名又没进步。"因为,他几乎每次都是年级第一名。

后来的故事很简单,他将这些方法传授给了我。从那时起,我爱上了记忆,并开始了大脑教育领域的基础研究。没想到这一研究,就花了十几年的光阴。我们像一对酷爱集邮的孩子,收集了国内外各种与脑力开发相关的书籍和材料,仿佛建了一座大脑教育领域的"藏经阁"。

在研究中我们逐渐发现,人的记忆力并非一成不变的。我们眼中那些所谓的"记忆天才",不过是拥有一套"别出心裁"的记忆方法罢了。这本书中集结了国内外最经典、最实用的记忆方法,通俗、易懂,同时浓缩了我十多年记忆法教研和培训的宝贵经验,并配合了大量学科知识点的记忆案例来讲解,是记忆法学习者最佳的启蒙和实战读物。

思维导图的发明人东尼·博赞教授曾说:"如果学习是一次作战,那么记忆术就相当于士兵手中先进的作战武器,而思维导图就相当于卓越指挥官的军事战略思想与作战方案,二者合二为一将战无不胜。"在《给孩子的8堂思维导图课》一书中,我已就"如何把思维导图应用到日常的学科学习与考试中"进行了详细的讲解和分享。这本《给孩子的8堂超级记忆课》无疑是给求知若渴的你点燃了另外一束知识的火把。

让我们在知识的海洋里,追着光,自由畅想,书写出属于自己的蔚蓝色的梦!

姬广亮

目 录

自序 站在巨人的肩膀上舞蹈

第一章
大脑记忆的奥秘 ...001

勇闯记忆岛 ...002
大脑是如何记忆的 ...006
被埋没的"天才右脑" ...007
提高记忆力的三句箴言 ...010

第二章
记忆大师的三根魔法棒 ...013

联结记忆法 ...014
编码记忆法 ...020
定位记忆法 ...024
附:如何打造记忆宫殿 ...031

第三章
记忆学科中的数字信息 ...043

给数字"化妆记忆"的三种方式 ...044
记忆大师必备的《数字密码本》 ...047
10秒钟牢记一条历史年代 ...053
2分钟记忆100以内的质数 ...058
5分钟记忆100个随机数字的秘密 ...061
附：圆周率前1000位 ...066

第四章
记忆学科中的文字信息 ...069

如何记忆课本中的生字词 ...070
跟背诵时漏字词的坏习惯说再见 ...076
背课文时下一句总想不起来，怎么办 ...079
用原来一半的时间记忆一篇课文 ...083
用逻辑画图法5分钟记忆一首长古诗 ...096
用对音对字法牢记文言文 ...109

第五章
记忆学科中的英语单词 ...119

为什么单词记完就忘 ...120

熟词记忆法 ...123

字母编码法 ...126

语境记忆法 ...129

导图记忆法 ...132

附：记忆大师必备的《单词密码本》...139

第六章
记忆生活中重要的琐事 ...141

5秒记忆陌生人的名字 ...142

30秒记忆一条手机号码 ...145

1分钟记忆购物清单 ...148

用记忆宫殿牢记旅行事务 ...153

Contents

第七章
记忆万能公式 ...157

好的想象是成功记忆的一半 ...158
躲不掉的两个"记忆大坑" ...160
影响人类记忆的"三大魔咒" ...162
独家解密"记忆万能公式" ...166

第八章
记忆大师养成计划 ...169

记忆大师的两项修炼 ...170
记忆大师的 21 天训练日志 ...174

勇闯记忆岛

大脑是如何记忆的

被埋没的"天才右脑"

提高记忆力的三句箴言

第一章
大脑记忆的奥秘

勇闯记忆岛

亲爱的朋友们，大家好，我是胖嘟嘟的大脑精灵——派派，我是一头小象，住在姬老师大大的脑门里，大家可以叫我"小象派派"。今天我将带领大家勇闯记忆岛，在这里你们会经历一系列的脑力大挑战。在正式开始训练之前，先让我看看你们现在的记忆本领如何。来，脑细胞准备，跟我一起去挑战吧！

第一项测试：数字岛（满分40分）

规则：请按顺序记住以下随机数字，每对1个得1分，计时2分钟。

4	7	3	5	2	8	1	4
9	3	1	6	8	1	4	3
0	4	2	3	3	8	2	9
5	7	4	8	6	0	3	3
5	4	2	7	3	2	6	4

第一章
大脑记忆的奥秘

第二项测试：词语岛（满分20分）

规则：请按顺序记住以下随机词语，每对1个得1分，计时2分钟。

同学　透明　考试　可怕　红色　警察　木屋　发光　街道　水坑
播放　篮球　鹦鹉　香烟　飞机　雨水　果实　钱包　学校　吹牛

第三项测试：字母岛（满分20分）

规则：请按顺序记住以下随机字母，每对1个得1分，计时2分钟。

| s | t | s | m | e | n | t | c | r | l | a | i | c | h | i | m | y | p | e | t |

第四项测试：图像岛（满分20分）

规则：请记住以下抽象图形的顺序，每对1个得2分，计时2分钟。

♌ ♍ ♎ ♏ ♑ ♒ ♓ ♉ ♊ ♋
1　2　3　4　5　6　7　8　9　10

大脑中的海马体对存储新记忆起着关键作用。海马体像是一个文档分类系统，它首先会决定一件事情是否值得存入记忆，然后再决定把它放在哪里，以便以后可以重新提取这一记忆。然而绝大部分人对于记忆的过程和方法知之甚少，因为记忆本身就是一种抽象且复杂的心理过程。数字、文字、字母和图像是我们学科背诵中的四只"拦路虎"，也是日常学习中最常见的四种记忆材料。你的记忆过程和方法能否让海马体产生"兴趣"，将决定你最终的测试结果。

燃烧吧，脑细胞！

第一项：数字岛答题区

请尽可能多地按顺序写出刚才记忆的随机数字。

正确数量：_____ 个

第二项：词语岛答题区

请尽可能多地按顺序写出刚才记忆的随机词语。

_____ _____ _____ _____ _____ _____ _____ _____ _____ _____
_____ _____ _____ _____ _____ _____ _____ _____ _____ _____

正确数量：_____ 个

第三项：字母岛答题区

请尽可能多地按顺序写出刚才记忆的随机字母。

正确数量：_____ 个

第四项：图像岛答题区

请写出以下 10 个抽象图形的正确序号。

♑ ♏ ♎ ♍ ♌ ♒ ♊ ♋ ♓ ♈

_ _ _ _ _ _ _ _ _ _

正确数量：_____ 个

第一章
大脑记忆的奥秘

请将四项测试的成绩累加起来,你的最终成绩是_____分。

71分以上——记忆水平 A 级（优）

61~70分——记忆水平 B 级（良）

51~60分——记忆水平 C 级（中）

50分以下——记忆水平 D 级（差）

看到自己最终的挑战成绩，此刻的你是不是觉得有点头大，甚至不敢相信眼前的数字？不过，请不要气馁。因为80%的人记忆水平相近，并无太大差异。如果看过江苏卫视《最强大脑》这一档脑力真人秀节目，相信你一定曾被节目中选手们惊人的记忆能力所折服，许多观众惊呼他们是"天才"。然而，事实并非如此。因为，在前几季的《最强大脑》中，90%以上的参赛选手都是经过后天专业的记忆力训练，才展现出这些不可思议的记忆能力的。而且，大部分选手还参加过世界上最顶尖的记忆大赛，甚至获得过"世界记忆大师"的终身荣誉称号。虽然我们不一定非要成为"世界记忆大师"，但我们确实需要好的记忆力。

现在，请跟着我做一个动作，想象你的手中此刻正拿着一张白纸，上面清楚地写着你刚才的挑战成绩。接下来，狠狠地将手中的白纸揉成一个纸团，然后用力向后抛，想象把它抛到了九霄云外，从此消失不见。亲爱的朋友们，是时候跟你过去的记忆水平说再见了。通过学习本书，你将掌握21个非常实用的记忆技巧，提高5~10倍记忆力。用原来一半的时间，提高两倍的效率。让你的大脑从"无名小卒"飙升到"记忆王者"。

叫醒你的脑细胞，跟我一起去冒险吧！

大脑是如何记忆的

自人类出现以来，记忆便跟随并服务于人们的生活和学习了。在远古时代，人们为了生存要记住周围复杂的环境，要分辨出哪些动物、植物是有害的，哪些是有益的，要知道如何寻找食物，如何应付各种突发的自然灾害。要想把这些经验一代一代地传承下去，就需要保存记忆。于是古人发明了各种助记的方法，比如结绳记事、象形文字、壁画等"语言符号"，来记录这些宝贵的经验。

在记忆这个问题上，提出重要概念的第一人是公元前4世纪的大思想家、哲学家柏拉图，他的理论被称为"蜡版假说"。他认为，人对事物获得印象，就像有棱角的硬物放在蜡版上所留下的印记一样。人对事物获得了印象之后，随着时间的推移，该印象会慢慢地淡化直至完全消失，就像蜡版表面逐渐恢复光滑一样。这种学说虽然不完全准确，但还是影响了许多人。

对于学生而言，拥有好的记忆力更是至关重要。因为，记不住，一定考不好。如果连课堂上老师讲的公式、古诗、课文、英语单词都记不住，又何谈学以致用呢！所以，记忆是一切学习的基础。尽管科学家对大脑工作原理的研究已经有了长足的发展，但人们对于大脑到底是如何记住东西的，却知之甚少。其实，脑科学非常有趣，当我们真正抓住了大脑的"胃口"，摸清了大脑的"脾气"，记忆力就会飞速提高。

我们不需要掌握所有大脑组织的学名，也不需要理解每一个神经元的内部结构，只需要知道它们是如何工作的，以及如何让它们更有效地去工作。其实，大脑的记忆原理非常简单。当我们学到一个新知识时，大脑中就会形成一个新的神经连接。一开始，这个神经连接相当脆弱和不稳定，但随着每次对新知识的重复，这一连接就会得到加强。重复加强大脑的神经连接，有助于巩固学习和记忆效果。每次重复，大脑都会释放髓磷脂，这种物质会包裹住神经元，帮助信息更有效地传递，于是大脑在完成某项任务时就更为顺利。

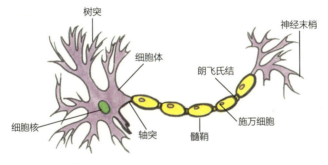

图 1-1　神经元图

神经筛剪是大脑剔除陈旧的神经连接（记忆）的自然过程。由于这些连接会自然退化，因此重复和强化已有的知识对于学习十分重要。及时复习和刻意练习会使这些神经连接更为牢固，并逐渐使其成长为长期知识体系的一部分。因此，那些一再重复强化的神经连接往往十分活跃和易用，大脑回忆时也更加便捷。

所以，脑科学家告诉我们：大脑用则进，废则退。

被埋没的"天才右脑"

大脑虽只占人体体重的2%，但耗氧量达全身耗氧量的25%，血流量占心脏输出血量的 15%，一天内流经大脑的血液为 2000 升。大脑消耗的能量若用电功率表示，大约相当于 25 瓦。

大脑为神经系统最高级的部分，由左、右两个大脑半球组成，两个半球间由横行的神经纤维相连接。人的大脑表面有很多往下凹的沟（裂），沟（裂）之间有隆起的回，因而大大增加了大脑皮层的面积。人的大脑皮层最为发达，是思维的器官，主导机体内一切活动过程，并调节机体与周围环境的平衡，也是意识、精神、语言、学习、记忆和智能等高级神经活动的物质基础。

脑科学家研究发现，大脑的右半球有特殊的重要功能，如对空间的辨认、深度知觉、触觉、音乐欣赏等，都由右半球控制。大脑的左半球在语词活动功能上占优势，右半球在非语词认识功能上占优势，但也并非绝对，即左半球也有一定的非语词认识功能，右半球也有一定的语词活动功能。也就是说，大脑的两个半球具有机能不对称性。

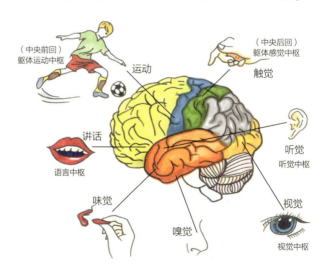

图 1-2　大脑分工图

第一章
大脑记忆的奥秘

大脑左半球（简称左脑）主要负责逻辑理解、记忆、时间、语言、判断、排列、分类、分析、书写、推理、抑制、五感（视、听、嗅、触、味觉）等，思维方式具有连续性、延续性和分析性，通常被称为逻辑脑、语言脑、理性脑和学术脑。

大脑右半球（简称右脑）主要负责空间形象记忆、直觉、情感、身体协调、视知觉、美术、音乐节奏、想象、灵感、顿悟等，思维方式具有无序性、跳跃性、直觉性，通常被称为潜意识脑、创造脑、艺术脑和本能脑。

诺贝尔生理学奖获得者、美国心理生物学家斯佩里认为，右脑具有图像化机能（如创造力、想象力），与宇宙共振共鸣机能（如第六感、透视力、直觉力、灵感、梦境等），超高速自动演算机能（如心算、数学），超高速大量记忆机能（如速读、记忆力）。右脑像一个万能博士，善于找出多种解决问题的办法，许多高级思维功能取决于右脑。

央视栏目《开讲啦》曾请到为中国航空事业做出巨大贡献的新中国第一代飞机设计师程不时教授。谈到大脑时，程老对主持人撒贝宁说："我非常建议，年轻人要想办法开发你们的右脑。我们一般的应试教育，强调的是左脑。开发右脑以后，会激励左脑更有效地吸收信息，提高创造性，这将为你们的人生开拓很大的局面。"

尽管右脑如此强大，但左右脑并不是绝对独立地工作，而是相互依存、协同工作。其实，如果没有左脑，右脑就是一个"垃圾桶"。左脑知道怎样处理逻辑，右脑知道如何了解世界。两者结合在一起，人类才有了强有力的思考能力。只用任何一个半脑是古怪可笑的。

提高记忆力的三句箴言

人的大脑是一座记忆宝库，大脑经历过的事物、学习过的知识、思考过的问题、体验过的情感和情绪、练习过的动作等，都可以成为记忆的一部分。记忆力一词概括了大脑记忆的三个重要阶段："记"代表着大脑输入信息的能力，即识记；"忆"代表着大脑输出信息的能力，即再认和回忆；而"力"则代表着大脑保持信息的能力，即记忆的牢固性。

提高记忆力有三句箴言。

第一句，理解是记忆的"润滑剂"。

学习的目的不是记忆，而是学以致用。然而，要想学以致用，就必须先把学习的内容记住并理解。所以，不管是用哪一种方法记住的，都要对记忆的内容深度学习，加深理解，切忌浅尝辄止。如此，被理解的知识点才更容易被大脑牢固地记住。

第二句，好的想象是成功记忆的一半。

根据古希腊哲学家亚里士多德的说法，想象和记忆天生就密不可分。因为想象跟记忆一样，需要同时动用我们的左右脑协同工作，想象本质上是一种符号编码过程，可以把左脑的线性思维转化成右脑的创造性思维。比如，在背诵古诗时，真正要记忆的不是古诗中的文字，而是诗人通过诗句所描述的逻辑关系和画面。大脑中的画面越清晰，记忆就越牢固。而清晰的记忆画面，一定离不开大脑充分的联想和想象。

第一章
大脑记忆的奥秘

第三句，用大脑喜欢的方式去记忆。

当大脑处于快乐、兴奋和喜悦的状态时，就能够更积极主动地去吸收知识。科学研究证实，与枯燥、平淡无奇的记忆相比，那些好玩、有趣、与强烈情绪相关的记忆更容易被大脑快速记住。因此，家长有必要为孩子创造良性的学习环境，或者帮助他们掌握一套能够创造这种学习体验的方法或工具，比如记忆法。

记忆法，又叫记忆术，或者助记法。记忆术属于修辞学的一部分，早期是雄辩家用来增进记忆力的技巧。说起记忆术不得不提及一个"小偷"，一个无意间闯入人类大脑记忆宫殿，揭开了记忆女神谟涅摩绪涅的神秘面纱，偷窥了人类记忆秘密的人——古希腊著名诗人西蒙尼德斯（Simonides），相传是他创立了记忆术。

据说一位名叫斯寇帕（Scopas）的贵族宴客，来宾中的诗人西蒙尼德斯吟了一首诗向主人致敬，这首诗中有一段赞美了天神宙斯的双胞胎私生子卡斯特（Castor）与波鲁克斯（Pollux）。斯寇帕很小气，告诉西蒙尼德斯，原先说好的吟诗酬劳他只能付一半，另外一半应该去找那对双胞胎神祇要。稍后，有人通报，宴客厅外有两个年轻男子要见西蒙尼德斯。西蒙尼德斯便离席走出厅外，却没看见人。就在他走出去的时候，宴客厅的屋顶塌了下来，把斯寇帕和其他所有的客人都砸死了。闻听噩耗的死者家属赶来，但现场的尸体由于被压得血肉模糊而无法辨认。这时，西蒙尼德斯却能根据每位死者在宴会厅的位置辨认出全部尸体来。

此事之后的西蒙尼德斯却陷入沉思，他不断地叩问自己："我为什么可以记住他们，以前我怎么没有发现自己具备这样的能力？"最终他找到了答案，西蒙尼德斯发现在自己大脑回忆、检索的整个过程中，有几个关键节点不可忽视。具体说来，当他在回忆某个人的时候，他会先想起一个地方，比如在门口抽烟的吞云吐雾的那个人是谁，宴会厅角落里醉酒狂吐的人是谁，是谁去了洗手间，又是谁坐在藤椅上喝着小酒看着自己刚写在羊皮卷上的新诗……每想起一个人，他都会在大脑中想到一个场景，还有每个人的特写镜头，而每个镜头都包含着三个基本元素：位置、图像和顺序。这就是记忆术的秘密，西蒙尼德斯充分运用了人类大脑联想、想象和定位的能力，无意中启动了大脑中的记忆搜索引擎，也奠定了古罗马记忆术的基础——古罗马房间法，这项记忆术被秘密地保留下来一直沿用至今，又被称为"记忆宫殿"。

在现代语音科技领域里有一种 SIM 卡（Subscriber Identification Module，用户身份识别卡），这样一张小小的卡可以在手机上储存主要的数据信息。巧合的是，SIM 正是西蒙尼德斯全名的缩写。

在接下来的章节中，让我们用记忆法唤醒大脑中"沉睡的巨人"，让提高记忆力变得像呼吸一样简单。燃烧吧，脑细胞！

联结记忆法

编码记忆法

定位记忆法

附：如何打造记忆宫殿

第二章

记忆大师的三根魔法棒

联结记忆法

联结记忆法是指把要记忆的内容通过联想和想象首先转化成图像，然后像锁链一样，一个接一个地联结起来，所有的记忆内容会因为这种环环相连的关系，顺序不乱地记录在大脑里。所以，联结记忆法又被叫作"连锁构图法"。

图 2-1　锁链图

联结记忆法的使用步骤非常简单，只需三步：

第一步，把要记忆的内容通过联想和想象首先转化成图像。

例如，当我们看到"西瓜"这个词语时，大脑中不应该浮现"西瓜"这两个汉字，而是应该尽可能调动身体的五感（视觉、听觉、嗅觉、味觉、触觉）去联想和想象西瓜的样子。比如，想象西瓜的形状、颜色、大小、味道、吃西瓜时发出的声音，甚至抱着西瓜的感觉等。

第二章
记忆大师的三根魔法棒

第二步，把要记忆的内容像锁链一样，一个接一个地联结起来。

什么是联结？联结就是创造记忆关系。

在记忆法中，记忆关系被分成两类：逻辑关系与非逻辑关系。

逻辑关系是信息之间本来就存在的关系，可能是生活中经常发生的事情或存在的规律。比如，太阳东升西落，1天有24小时，1小时有60分钟，1分钟有60秒，$1+1=2$，$3×7=21$，人有两只眼睛、一个鼻子、一个嘴巴等，这些都属于逻辑关系或者规律。

那什么是非逻辑关系呢？非逻辑关系是指那些现实生活中不存在的或者极少发生的非正常关系。比如，我们一般会认为狗咬人是正常的、有逻辑的；反过来，如果我们在大街上看到一个人在咬一只狗，就会认为是不正常的，是极少发生的奇怪现象，也就是非逻辑的。想象一下，一只狗咬了姬老师的腿，姬老师非常生气，抱起小狗朝着它的屁股就咬了一口，你会不会觉得非常搞笑和夸张！

如果把"狗咬人"和"人咬狗"这两条新闻登在不同的报纸头版上，并把两份报纸摆在同一张桌子上，相信大部分人会首先选择刊登了"人咬狗"的那份报纸，因为"人咬狗"相比"狗咬人"来说，更容易引起大脑的注意。这就是逻辑关系与非逻辑关系的区别。一般来说，非逻辑关系更容易引起大脑的注意，大脑越注意什么，什么就越容易被记住。

联结的目的是创造逻辑或非逻辑的记忆关系。那么，如何联结呢？

举例：请记住下面 15 个中文词语的正确顺序。

钥匙　鹦鹉　球儿　锣鼓　山虎　白酒　气球　扇儿

妇女　饲料　河流　石山　妇女　扇儿　气球

说实话，在没有学习记忆法之前，要想记住这 15 个词语的正确顺序并不是一件简单的事情。死记硬背是世界上最简单的记忆方法，因为只需要对记忆的内容简单重复，不断阅读，长此以往就有可能记住。但是，这种记忆方式太枯燥，太无聊，大部分同学很难坚持，记忆效率低。

而且，死记硬背这些词语时有两个痛点：

第一，当记到第 8 个词语"扇儿"时，可能前面 7 个词语的顺序就混了，甚至根本没记住几个。如果前面的词语都记不住，再继续往后背就是徒劳，没有任何意义。

第二，即使用死记硬背的方法花了很大力气记住了这些词语，但在回忆这些词语时，必须非常熟练和快速，或者说"一气呵成"。如果不够熟练，不能一气呵成，极有可能在某个词语上卡住，导致后面所有的词语都想不起来。因为死记硬背是靠声音的反复刺激和熟练度帮助大脑记忆的，这种记忆方式对于大脑来说不牢固，容易遗忘。

联结记忆法则不同，不仅可以让我们在 30 秒内，甚至更短的时间内，只需一遍就能按顺序记住这些随机的中文词语，而且不容易忘，牢固性要远大于死记硬背。联结的方式非常简单，只需要我们在两个词语之间增加动词（联结词），像连词造句一样把两个词语联结起来，并在大脑中联想出相应的记忆画面即可。所以，这些随机的中文词语看一遍就可以被牢固记住。

以"钥匙"和"鹦鹉"为例。首先，我们要在脑海中想象"一把金

第二章
记忆大师的三根魔法棒

黄色的钥匙"和"一只五颜六色的鹦鹉"的样子。然后,在两个图像之间增加一个"动词",用逻辑或非逻辑的关系把两个图像联结起来。我们可以想象:钥匙压在鹦鹉的脑袋上,钥匙拴在鹦鹉的脖子上,钥匙打开了鹦鹉的笼子……想象的画面越夸张、越有趣、越具体,越有利于记忆,比如,钥匙咬伤了鹦鹉,钥匙插在鹦鹉的尾巴上等。在这里我们用到了"压、拴、打开、咬、插"这几个动词,使用的动词不一样,大脑联想的记忆画面就会不一样,记忆的牢固性也就不一样。

需要特别提醒大家的是:**在想象的世界里,记忆关系是没有对与错的**。我们要把根据动词(联结词)所联想的逻辑或非逻辑的记忆关系和画面,当成在大脑中"自编自导"的动画或电影来辅助大脑记忆。因为有效果比有道理更重要。所以,在学习记忆法的过程中,不要纠结对与错,大胆的联想和想象是掌握记忆法的核心要诀。

下面,就让我们用 30 秒的时间,一遍记住这 15 个中文词语的正确顺序。现在请在大脑中想象这样一个记忆画面(越清晰越好):有一把金黄色的**钥匙**打开了**鹦鹉**的笼子,鹦鹉高兴地一脚踢飞了**球儿**(足球),球儿砸响了地上的**锣鼓**,锣鼓震醒了一只**山虎**,山虎吓得嘴巴里吐出**白酒**,把白酒灌进了五颜六色的**气球**里,气球上画着一把**扇儿**,扇儿拍到一个**妇女**,这个妇女正在卖**饲料**,她把饲料倒进了**河流**里,河流环绕着一座**石山**,石山上满山遍野都是**妇女**,她们手里拿着**扇儿**正在拍**气球**。

大家在读这段文字描述时,千万不要把它们当成"文字",而是要根据这些文字描述,在大脑中联想出对应的记忆画面。比如,读到"有一把金黄色的钥匙打开了鹦鹉的笼子"这句话时,我们要在大脑中想象出一把金黄色的钥匙打开鹦鹉笼子的动作和画面。只有在创建联结记忆关系的过程中,充分地联想和想象,才能让我们快速牢固地记住这些词语。

接下来，根据刚才大脑中联想的记忆关系和画面，尝试回忆一下这15个中文词语。在第一次尝试时，可以慢一些，根据动词（联结词）先想清楚记忆画面是关键。首先是一把金黄色的钥匙打开了什么？鹦鹉的笼子。鹦鹉高兴地踢飞了什么？球儿。球儿砸响了什么？锣鼓。锣鼓震醒了什么动物？山虎。山虎吐出来什么？白酒。把白酒灌进了哪里？五颜六色的气球。气球上画着什么？扇儿。扇儿拍到了什么人？妇女。妇女正在卖什么？饲料。把饲料倒进了哪里？河流。河流环绕着什么东西？石山。石山上满山遍野是什么人？妇女。她们手里拿着什么？扇儿。她们拿着扇儿正在拍什么？气球。怎么样？是不是非常轻松地就按顺序回忆起了这15个随机中文词语呢？而且顺序不乱，这就是联结记忆法的好处，根本不需要重复阅读，也不需要必须一口气背完。

如果还不确信自己可以把这15个中文词语按顺序回忆起来，现在可以轻轻地闭上眼睛，然后根据刚才的记忆画面，把这15个词语，按顺序一个一个地说出来，或者找一张白纸写出来。相信，大家一定可以做得到。

这里我还要向大家透漏一个小秘密。如果已经用联结记忆法记住了刚才的15个随机词语，那么，现在还可以从最后一个词语"气球"倒着回忆，直到第一个，也就是倒背如流。因为工具不同，效率不同；工具越强，能力越强。看到这里，是不是觉得特别兴奋呢？接下来，我们一起挑战一下，看看能不能从最后一个词语"气球"倒着背回到第一个词语。当然，脑中浮现的还是刚才的记忆画面，只是这次要从最后一个图像开始想。

第二章
记忆大师的三根魔法棒

3、2、1，开始想象：最后一个图像是气球，前面是用扇儿拍气球，谁拍的呢？是满山遍野的妇女。妇女在石山上，石山被一条河流环绕着，有人向河流里倒饲料，饲料是妇女卖的，妇女被扇儿给拍了，扇儿是画在气球上的，气球里灌进了白酒，白酒是山虎吐出来的，山虎是被锣鼓震醒的，锣鼓是被球儿砸响的，球儿被鹦鹉踢飞了，鹦鹉笼子是被金黄色的钥匙打开的。是不是觉得很神奇？我们只是用联结记忆法记了一遍，不仅可以按顺序说出这15个随机的中文词语，而且还可以一字不差地倒背。这就是联结记忆法的神奇所在。

当然，如果年龄偏小的孩子一遍记不牢也没关系，那就多花一点时间，再联想一遍。相信即使这样也要远比死记硬背好玩、有趣很多，大脑不会觉得枯燥和无聊。记忆的过程像看动画片一样，几乎没有任何压力。而且，记完之后不容易忘，复习也更高效。

不过，在联结记忆过程中有一点要特别注意：**尽量减少"被动"联结**。例如，"钥匙"和"鹦鹉"这两个词语，有的同学习惯把"鹦鹉"放在"钥匙"前面去联结，如"鹦鹉用嘴巴叼着钥匙"。虽然这样联结也说得过去，也能记得住，但是，在回忆时很容易顺序错乱，一不小心就把"钥匙 鹦鹉"回忆成了"鹦鹉 钥匙"。所以，在联结记忆的过程中尽量减少"被动"联结。有的同学可能会问，我们的大脑为什么会习惯用"鹦鹉用嘴叼着钥匙"的记忆关系去联结呢？究其原因，是我们习惯让有生命的东西"主动"产生动作，让没有生命的东西"被动"接受动作。其实，没有生命的东西，一样可以通过联想和想象主动产生动作。因为在想象的世界里，一切皆有可能。

第三步，加强记忆熟练度，刻意复习。

孔子云："温故而知新，可以为师矣。"复习是学习任何一门学科都不容忽略的重要环节。复习起着承上启下的作用，它不仅关系到旧知识的学习效果，还关系到对新知识的衔接。复习不完全是为了考试，而是为了提高我们的思维能力以及综合运用知识的能力。在学习记忆法的过程中，及时复习可以加深对练习内容的记忆牢固性，同时又能更好地理解大脑输入、保持、提取这三个基本的学习步骤。

最后，我们再来总结一下使用联结记忆法的几个注意事项：

1. 联想的图像要清晰，充分调动身体的五感大胆去想象。
2. 联结关系要具体，尽量使用画面感强的动词（联结词）。
3. 联结关系要夸张、有趣或逻辑性强。
4. 在记忆过程中尽量减少"被动"联结关系。

以上就是联结记忆法的使用步骤和注意事项。在后面的章节中，我会"手把手"教会大家如何用联结记忆法背诵课文、古诗、文言文。用别人一半的时间，达到别人两倍的效率，让记忆变得事半功倍。

编码记忆法

编码记忆法是指在记忆过程中，把那些抽象难记的内容，通过联想和想象"化妆"（编码）成大脑容易理解的关系或画面，用来辅助记忆的方法。

编码记忆是释放大脑创造力最有效的方式之一。

第二章
记忆大师的三根魔法棒

图 2-2　化妆品图

有的同学可能会问"什么是编码",下面,我们来看几个例子,大家马上就能明白什么是编码了。在中国古代有很多好玩、有趣的木雕、石刻或书画,比如,一只苍蝇趴在马背上代表"马上赢",一只猴子骑在马背上代表"马上封侯",一只蜘蛛趴在脚上代表"知足常乐",画两个柿子和一个如意代表"事事如意"。再比如,三八(38)是妇女节,六一(61)是儿童节,八一(81)是建军节,110是报警电话,119是火警电话,120是急救电话等,这些都属于编码。其实,编码就是把抽象难记的内容通过联想和想象"形象化"。编码可以让记忆过程更形象具体,生动有趣,牢固性强。

举例:请记住下面30个随机数字的正确顺序。

502884197169399375105820974944

可能大家会惊呼:"开玩笑吧?这么长的数字怎么可能记得住!"当然,如果用死记硬背的方式去记忆,肯定是非常难记的,因为记了后面,忘前面。数字对于大脑来说太过抽象,虽然每个数字大脑都能看得懂,但是记起来却没有任何概念。所以,数字是四大类记忆材料(数字、文字、单词、图像)中最难记的。但是,大家不要担心,我们用编码记忆法可以在 1 分钟内，甚至 30 秒内按顺序记住这 30 个随机数字。那么，该如何编码记忆呢？

既然数字对于大脑来说最难记，那么我们就不能把"数字"当成"数字"去记，而是要想办法，把抽象的数字变成大脑容易理解和存储的图像。在《最强大脑》中，很多记忆类的挑战项目都会用到一种特殊的记忆编码——数字编码。对于掌握数字编码的人来说，不管数字组合是 30 个、80 个、100 个，还是更多，大脑都可以通过联想和想象按顺序准确记住。

例如，刚才我们看到的这 30 个随机数字，就可以两两组合编码如下：

50	28	84	19	71	69	39	93
武林	恶霸	巴士	药酒	机翼	漏斗	沙丘	旧伞
75	10	58	20	97	49	44	
西服	棒球	尾巴	香烟	旧旗	死狗	石狮	

聪明的同学可能一眼就看出了这些数字的编码规则。第一种是谐音编码法，比如，50 武林、28 恶霸、84 巴士；第二种是象形编码法，比如，10 棒球；第三种是逻辑编码法，比如，20 香烟，因为一盒香烟是 20 根。（关于数字编码的具体规则和要求，我们还会在第三章中详细讲解。）

有了这些数字编码（图像），我们只需要把这 15 个图像用联结记忆法按顺序记住即可。那么，这 15 个图像所对应的数字，也就是刚才的 30 个随机数字，就可以轻松地按顺序记录到大脑里。我们可以把这些图像联结成这样一个记忆故事：江湖中有一个 武林 高手，他正在追捕一个 恶霸，恶霸吓得跳上了一辆 巴士，巴士上装满一瓶瓶的 药酒，药酒里泡着一根飞机的 机翼，机翼上挂着几个 漏斗，漏斗掉在 沙丘 上，沙丘上插满 旧伞，旧伞上挂着一套黑色的 西服，西服挥舞着 棒球，棒球砸断了一

第二章
记忆大师的三根魔法棒

根尾巴，尾巴上拴着几根香烟，香烟点着了一面旧旗，旧旗披在死狗身上，死狗复活咬坏了石狮。

通过这个联结故事，相信大家可以轻松记住这 15 个图像的正确顺序。接下来，只需要把这 15 个图像，根据故事按顺序"翻译"成相应的数字即可。虽然我们现在对于这些数字编码并不是特别熟练，但只要稍加强化，就可以牢固地记到大脑里。下面，请跟着我挑战自己的大脑，一起回忆这 30 个随机数字。

江湖中有一个武林（50）高手，他正在追捕一个恶霸（28），恶霸吓得跳上了一辆巴士（84），巴士上装满一瓶瓶的药酒（19），药酒里泡着一根飞机的机翼（71），机翼上挂着几个漏斗（69），漏斗掉在沙丘（39）上，沙丘上插满旧伞（93），旧伞上挂着一套黑色的西服（75），西服挥舞着棒球（10），棒球砸断了一根尾巴（58），尾巴上拴着几根香烟（20），香烟点着了一面旧旗（97），旧旗披在死狗（49）身上，死狗复活咬坏了石狮（44）。

根据这个联结故事和画面，我们就可以一组一组地把这 30 个杂乱无章的随机数字按正确顺序说出来，而且同样可以做到"倒背如流"，无非是回忆时把每一组数字倒着说出来。比如，石狮（44）倒过来还是 44，死狗（49）倒过来就成了 94，依次类推。

我们之所以能轻松记住这 30 个随机数字，首先是把数字"化妆"（编码）成大脑容易理解的图像，然后把图像联结成形象、有趣的记忆故事，最后再把记忆故事"翻译"成相应的数字。现在大家可以拿出一张空白纸，尝试按正确顺序默写出这 30 个随机数字。相信只要理解了编码的作用，写出这 30 个随机数字就成了"小菜一碟"。

最后，我们再来总结一下使用编码记忆法的几个注意事项：

1. 编码一定要具体、形象。
2. 联结过程要生动、有趣。
3. 要还原出原始记忆材料。

在日常学科知识的背诵中，那些抽象的数字（如历史年代，物理、化学中的实验数据等），课文句子中容易遗漏的字或词，词汇表中的陌生单词，以及抽象的图形符号等都需要先编码，再记忆，这样才能达到快速且精准的记忆效果。

定位记忆法

定位记忆法就是在大脑中首先建立一套固定、有序的定位系统，然后再将我们需要记忆的内容联想成图像，通过联想和想象把它们有序地联结在"记忆挂钩"上，从而实现快速识记、牢固保存和有序提取。

图 2-3 砸钉子图

什么是定位系统？在搞清楚什么是定位系统之前，我们先要明白什么是定位。定位是指把需要记忆的内容固定（存储）在一个熟悉的位置上，方便大脑随时调取。比如，当我们需要一双筷子时，就会去厨房拿；

第二章
记忆大师的三根魔法棒

需要一床被子时，会去卧室抱；需要穿鞋时，会去鞋柜拿。我们知道自己需要的东西在哪里，这就是定位。对于大脑而言，每一个熟悉的物品或位置可以把它们形象地称之为"记忆挂钩"，多个有序的记忆挂钩就可以组成一套定位系统。

在日常学习中最常用的定位系统有四种：

1. 身体定位系统：把身体上熟悉的部位作为记忆挂钩并有序排列组成定位系统。

2. 人物定位系统：把生活中熟悉的人物作为记忆挂钩并有序排列组成定位系统。

3. 数字定位系统：把数字编码成图像作为记忆挂钩并有序排列组成定位系统。

4. 空间定位系统：把熟悉的空间中有序摆放的物品作为记忆挂钩组成定位系统。

接下来，以大家比较熟悉的身体为例，打造一套身体定位系统。观察图2-4，我们从上到下依次找出10个身体部位。

图2-4　身体定位系统图

找出这10个身体部位后，请闭上眼睛，将这10个身体部位从上到下按顺序回忆一遍。回忆完毕后，再将这10个身体部位从下到上按顺序回忆一遍。如果可以做得到，说明已经打造好了一套定位系统——身体定位系统。也就是说，这10个固定、有序、有特征的身体部位（记忆挂钩）就组成了一套定位系统。一套定位系统的记忆挂钩数量不是固定的，可以根据自己记忆内容的多少来设定，比如10个，20个，甚至30个等。

定位系统有三个重要的特点：固定、有序、有特征。

固定是指在定位系统中记忆挂钩的位置是不变的。比如，眼睛和鼻子是不会交换位置的。

有序是指在定位系统中记忆挂钩要有一定的顺序标记。比如，从头到脚，从上到下。

有特征是指每一个记忆挂钩要有具体的形状特征。比如，眼睛是圆的，腿是长的。

下面，以我们一起打造的这套身体定位系统为例，讲解一下定位记忆法的使用步骤。举例来说明，请记住下面20个随机中文词语的正确顺序。

武警　乔丹　零钱　白蚁　柳丝　手枪　恶霸　牛儿　篱笆　舅舅
八路　恶霸　三脚凳　石板　二胡　三丝　鳄鱼　仪器　手枪　气球

这20个随机词语，我们用联结记忆法也可以很轻松地记住。但是，这次我们要尝试用定位记忆法来记住它们，体验不同的记忆方法，会有怎样不同的记忆效果。当然，不要忘了在记忆过程中把这20个随机词语联想成相应的图像。

第二章
记忆大师的三根魔法棒

第一步，按顺序回忆身体定位系统中的 10 个记忆挂钩。

① 脑袋　　② 眼睛　　③ 鼻子　　④ 嘴巴　　⑤ 脖子
⑥ 肩膀　　⑦ 肚子　　⑧ 屁股　　⑨ 双腿　　⑩ 脚

第二步，将 20 个随机词语平均分解，并两两一组定位在记忆挂钩上。

第 1 组：脑袋——武警，乔丹

定位——想象：脑袋上站着一个武警用力抱住了乔丹。

第 2 组：眼睛——零钱，白蚁

定位——想象：眼睛看到零钱上爬着一只超大的白蚁。

第 3 组：鼻子——柳丝，手枪

定位——想象：鼻子上长出的柳丝拴着一把手枪。

第 4 组：嘴巴——恶霸，牛儿

定位——想象：嘴巴咬伤了恶霸，恶霸逃跑时撞到了牛儿。

第 5 组：脖子——篱笆，舅舅

定位——想象：脖子上围着一圈篱笆，篱笆划伤了舅舅。

第 6 组：肩膀——八路，恶霸

定位——想象：八路用肩膀扛着受伤的恶霸。

第 7 组：肚子——三脚凳，石板

定位——想象：肚子里的三脚凳砸坏了一块石板。

第 8 组：屁股——二胡，三丝

定位——想象：屁股压扁了二胡，里面有一盘凉拌三丝。

第 9 组：双腿——鳄鱼，仪器

定位——想象：用双腿夹住鳄鱼，拿仪器给它看病。

第 10 组：脚——手枪，气球

定位——想象：脚上绑着一把手枪，手枪打爆了五颜六色的气球。

第三步，根据身体定位系统回忆这 20 个词语的正确顺序。

1. 脑袋——回忆"脑袋上站着一个武警用力抱住了乔丹"。
2. 眼睛——回忆"眼睛看到零钱上爬着一只超大的白蚁"。
3. 鼻子——回忆"鼻子上长出的柳丝拴着一把手枪"。
4. 嘴巴——回忆"嘴巴咬了恶霸，恶霸逃跑时撞到了牛儿"。
5. 脖子——回忆"脖子上围着一圈篱笆，篱笆划伤了舅舅"。
6. 肩膀——回忆"八路用肩膀扛着受伤的恶霸"。
7. 肚子——回忆"肚子里的三脚凳砸坏了一块石板"。
8. 屁股——回忆"屁股压扁了二胡，里面有一盘凉拌三丝"。
9. 双腿——回忆"用双腿夹住鳄鱼，拿仪器给它看病"。
10. 脚 ——回忆"脚上绑着一把手枪，手枪打爆了气球"。

怎么样？通过身体定位系统中的 10 个记忆挂钩，是不是很容易就可以把这 20 个随机词语按正确顺序回忆起来，而且轻松倒背？并且，即使随机提问身体定位系统中的任意一个记忆挂钩，都可以快速判断并回忆出上面定位的两个词语是什么。比如，提到"嘴巴"，我们会根据"嘴巴"马上想到"用嘴巴咬伤了恶霸，恶霸逃跑时撞到了牛儿"，这样就可以判断出这个记忆挂钩上定位的两个词语是"恶霸"和"牛儿"。提到"双腿"，我们会根据"双腿"联想到"用双腿夹住鳄鱼，拿仪器给它看病"，这个位置定位的两个词语就是"鳄鱼"和"仪器"。其他记忆

第二章
记忆大师的三根魔法棒

挂钩上定位的词语,同样可以通过联想和想象快速判断和回忆。这就是定位记忆法的神奇之处,不仅可以帮助大脑牢固记忆,而且记忆的内容还可以做到随取随用。

最后,我们总结一下使用定位记忆法的几个注意事项:

1. 提前准备定位系统,并熟悉定位系统中的每一个记忆挂钩。
2. 将记忆材料分解,通过联想和想象按顺序与记忆挂钩定位记忆。
3. 按顺序复习每一个记忆挂钩上的记忆画面,加深记忆牢固性。

通过记忆大师三根"记忆魔法棒"的学习,相信大家对记忆法已经有了初步的认知和理解。下面,我们要一起挑战一项"不可能的任务",那就是使用记忆法按顺序记住圆周率的前 100 位,内容如表 2 - 1:

表 2 - 1　圆周率前 100 位

3.									
1	4	1	5	9	2	6	5	3	5
8	9	7	9	3	2	3	8	4	6
2	6	4	3	3	8	3	2	7	9
5	0	2	8	8	4	1	9	7	1
6	9	3	9	9	3	7	5	1	0
5	8	2	0	9	7	4	9	4	4
5	9	2	3	0	7	8	1	6	4
0	6	2	8	6	2	0	8	9	9
8	6	2	8	0	3	4	8	2	5
3	4	2	1	1	7	0	6	7	9

"啊,这是在开玩笑吧?这么多数字怎么可能一个不差地记住呢?"这可能是大家此刻最想说的话。不过,这真的不是开玩笑。而且,相信大家一定可以做得到。接下来,请屏住呼吸,因为要透露给大家一个

"惊天大秘密"。其实，我们已经按顺序记住了圆周率的前100位。看到这句话，大家是不是更加惊讶？到底是怎么回事？别着急，谜底马上揭晓。

通过上面三个记忆方法的学习，我们一共按顺序记住了50个词语（图像）：联结记忆法帮助我们记住了15个，编码记忆法帮我们记住了15个，定位记忆法帮我们记住了20个。而这50个图像正好是圆周率前100位所对应的50个数字编码，只要搞清楚这50个数字编码所对应的数字组合，我们就可以轻而易举地记住圆周率前100位。接下来，我们一一揭晓这50个数字编码所对应的数字组合，如下所示：

钥匙	鹦鹉	球儿	锣鼓	山虎	白酒	气球	扇儿	妇女	饲料
14	15	92	65	35	89	79	32	38	46
河流	石山	妇女	扇儿	气球	武林	恶霸	巴士	药酒	机翼
26	43	38	32	79	50	28	84	19	71
漏斗	沙丘	旧伞	西服	棒球	尾巴	香烟	旧旗	死狗	石狮
69	39	93	75	10	58	20	97	49	44
武警	乔丹	零钱	白蚁	柳丝	手枪	恶霸	牛儿	篱笆	舅舅
59	23	07	81	64	06	28	62	08	99
八路	恶霸	三脚凳	石板	二胡	三丝	鳄鱼	仪器	手枪	气球
86	28	03	48	25	34	21	17	06	79

看着上面这50个图像所对应的数字组合，是不是恍然大悟？原来圆周率前100位的正确顺序真的已经不知不觉地"跑进"了大脑里，这就是记忆法的神奇之处！不需要对记忆内容过度重复，也不需要完全依靠"熟练度"，我们的大脑就可以轻松记住需要背诵的内容，而且事半功倍。有两个数字编码要特别说明一下：03 = 三脚凳，0 是屁股

第二章
记忆大师的三根魔法棒

坐的地方，3 代表有 3 条腿；06 = 手枪，0 是子弹，6 代表左轮手枪有 6 发子弹。

读完这段内容，大家可以拿出一张纸、一支笔，挑战一下自己，尝试写出圆周率的前 100 位，看看第一次尝试能够写对多少个。随着熟练度的不断提高，我们会发现自己可以在 1 分钟内、30 秒内、20 秒内，甚至 10 秒钟内 "脱口而出" 圆周率的前 100 位。姬老师目前的最佳成绩是 9 秒钟左右就可以脱口而出圆周率的前 100 位。所以，请大家不要用过去的认知觉得这件事情 "不可能"。许多所谓的 "不可能" 无非是因为练习得不够深入，暂时没有达到而已。如果人类可以在 10 秒钟内跑完 100 米，那么为什么不能在 10 秒钟内回忆并背诵完毕圆周率的前 100 位呢？

相信自己，一切皆有可能！

附：如何打造记忆宫殿

TVB 热播电视剧《读心神探》中有一集讲到主人公学琛遇到记忆法训练学校校长美诗，他非常感谢美诗当年对自己的帮助，如果没有美诗当年教授的一种叫作记忆宫殿的方法，学琛觉得自己可能早就在学校自暴自弃了，更不可能成为警局的神探。在剧中学琛有一句话道出了记忆宫殿的核心原理，他说："人们都说我过目不忘，其实我只不过是把要记的东西放好了而已。"

BBC 收视率最高的电视剧《神探夏洛克》中，卷福在破案过程中总是要用到记忆宫殿，他常说 "我得进入我的记忆宫殿"。剧中将记忆宫殿解释为精神世界的地图，感觉很高大上的样子。这神秘的记忆宫殿到底好用在哪里？为什么会受到一个又一个神探的青睐呢？

记忆宫殿理论体系源自欧洲，几个世纪以来，这门秘术只被人口口相传，零星记录在各种古籍当中，这一被隐伏了近600年的惊天秘密，从未有过完整的文字记录，更不用说破译……传说记忆宫殿成书于中国，这本书的名字叫《西国记法》或称《记法》，是一本介绍意大利传教士利玛窦本人如何拥有"过目不忘"能力的书。

据记载，该书于明万历二十三年（1595年）由利玛窦初著于南昌。《西国记法》被誉为记忆学界的"圣经"，可惜由于我国朝代更迭，原著已经失传，现有部分残页藏于意大利罗马中央国立图书馆，参订版则藏于法国国家图书馆，后收入吴相湘等主编的《天主教东传文献》。

单从字面上来理解，记忆宫殿是指能够帮助我们提高记忆效率的"一座宫殿"。讲得再简单一点，记忆宫殿就是有空间感的定位系统——空间定位系统。虽然"宫殿"这个词听起来特别大、特别宽阔的样子，其实记忆宫殿的大小，也就是"有效存储空间的大小"，是根据我们需要记住的信息量的多少来决定的。所以，每座记忆宫殿的记忆容量一般是不一样的。记忆的东西越多，需要准备的记忆空间越大，需要准备的记忆挂钩也就越多。

记忆宫殿可以是现实生活中真实存在的空间结构，也可以是凭空想象出来的世界。所以，记忆宫殿可以是我们非常熟悉的一座城市、一栋大楼、一座城堡、一个公园、一套别墅、一条街道、一家商店、一个客厅、一间卧室，甚至是一个洗手间，也可以是一个非常熟悉的电脑游戏中虚拟的场景和空间结构。这些都属于空间定位系统。根据记忆材料的

第二章
记忆大师的三根魔法棒

不同，我们需要准备不同"建筑风格"和容量的记忆宫殿。

打造记忆宫殿有三种思路：

1. 根据现实生活中或亲身游历过的场所来设计记忆宫殿。比如，我们居住的房子、上课的教室、经常路过的街道、熟悉的公园或游乐场等，将这些场所在大脑中或现实中"亲自游历"一遍，然后选择出固定、有序、有特征的物品作为定位系统中的记忆挂钩。

2. 调动想象力，凭空创造出一个虚拟的记忆宫殿。就像电影或游戏中美轮美奂或充满创意的建筑结构一样，我们完全可以依靠大脑联想和想象的能力设计出具有个人风格的建筑空间，成为"未来城市"的总设计师。在想象的世界里，我们想要什么，就可以创造什么，千万不要吝惜不可限量的想象力。

3. 虚实结合，在原有的空间结构上进行增加或减少，以更好地打造记忆宫殿。现实生活中的空间结构相当于大脑的一个参考模型，我们可以在它的基础上进行改造和创新。比如，让宽敞的马路上长出高大的杨树；让平滑的地板上增添更多美丽的花纹或图案；让门口年轻的保安长出长长的白胡子等。

记忆宫殿大到可以是地球或一个国家，小到可以是一间卧室或一个书柜。记忆宫殿有效存储的空间越庞大，房间越多，格局越复杂，路径越密集，记忆挂钩越多，熟悉起来就越困难。打个比方，我们有可能会在自己住过的豪华酒店迷路。所以，实用的记忆宫殿不仅需要好的"建筑师"，还需要好的"设计师"。只有两者兼备，才能打造出一座真正属于自己的记忆宫殿。而且，不会迷路。

为了方便大家更直观地理解如何打造记忆宫殿，接下来，就以生活空间中的客厅为例，来打造一套空间定位系统。假设图2-5是我们居住的客厅，里面摆放着不同的生活用品和家具。下面，我们就在客厅中按照一定的路径，找出10个固定、有序、有特征的物品作为记忆挂钩来使用。

图2-5　客厅空间定位图

打造记忆宫殿时，选择记忆挂钩的路径要流畅，不要过于跳跃。一般按照从上到下、从左到右，或者整体顺时针的方向将记忆挂钩标记序号。而且，要根据记忆挂钩的顺序，在大脑中"游览"整座记忆宫殿，并彻底熟悉每一个记忆挂钩所在的位置。

我们在客厅中选择的记忆挂钩依次是：

① 花盆　② 音箱　③ 电视　④ 电脑　⑤ 空调

⑥ 窗帘　⑦ 窗户　⑧ 栏杆　⑨ 沙发　⑩ 茶几

有了这10个记忆挂钩，我们就组成了一套空间定位系统，相当于打造了一座小型的记忆宫殿。如果不能一遍牢固记住这10个记忆挂钩的正

第二章
记忆大师的三根魔法棒

确顺序和位置,就要多"游览"几遍,防止大脑迷路。下面,我们就用这座记忆宫殿解决一些随机、零散知识点的记忆问题。

举例:请按顺序记住中国十大古典名著。

1. 《红楼梦》
2. 《水浒传》
3. 《三国演义》
4. 《西游记》
5. 《镜花缘》
6. 《儒林外史》
7. 《封神演义》
8. 《聊斋志异》
9. 《官场现形记》
10. 《东周列国志》

过去我们要想把这十本书的名字按顺序记住,最常用的方法就是大声朗读,通过声音反复刺激来记忆。当然,如果足够努力的话,是可以记住的。不过,很容易因为前面的某个信息想不起来,造成后面的信息全部都想不起来。如果用定位法来记忆,就能很好地规避这个问题,不仅可以非常轻松地记住,而且不容易忘。有时候只需要定位记忆一遍,就能牢固记住。

接下来,我们就用在客厅中打造的定位系统来解决这个记忆任务。先来回顾一下这套定位系统中的10个记忆挂钩,它们按顺序依次是:花盆、音箱、电视、电脑、空调、窗帘、窗户、栏杆、沙发和茶几。这10样物品就是10个记忆挂钩,我们要记忆的中国十大古典名著的名称就相当于10件货物,我们只要把这10本书按顺序定位在记忆挂钩上就可以了。定位其实就是把要记忆的内容和记忆挂钩之间创造联结关系,联结关系的清晰度会决定记忆的牢固性。所以,在定位记忆的过程中,要充分联想和想象,创造出大脑喜欢的逻辑或非逻辑记忆关系。

1. 花盆——《红楼梦》
2. 音箱——《水浒传》
3. 电视——《三国演义》
4. 电脑——《西游记》

5. 空调——《镜花缘》
6. 窗帘——《儒林外史》
7. 窗户——《封神演义》
8. 栏杆——《聊斋志异》
9. 沙发——《官场现形记》
10. 茶几——《东周列国志》

以上就是客厅这套定位系统中10个记忆挂钩和10本著作的对应关系。接下来，我们只需要把它们两两联结，定位在记忆挂钩上，几乎一遍就可以牢固记住。

第1组：花盆——《红楼梦》

定位——想象：花盆上盖了一栋红色的大楼。

解析："红色的大楼"代表《红楼梦》。

第2组：音箱——《水浒传》

定位——想象：音箱上挂着的水壶在漏水。

解析："水壶"代表《水浒传》，因为"水壶"的谐音听起来像"水浒"。

第3组：电视——《三国演义》

定位——想象：电视机里正在播放"桃园三结义"的影像。

解析："桃园三结义"是《三国演义》中非常著名的片段，用来提醒大脑它所代表的书名是《三国演义》。当然，定位记忆的方式有很多种，也可以把"三国"联想成"三锅"，想象电视机上摆着三口大锅，这样也能帮助大脑记住。只要大脑好理解，记起来不枯燥，记忆的思路其实可以是千变万化的。

第4组：电脑——《西游记》

定位——想象：孙悟空不是从石头里蹦出来的，而是在客厅的电脑里蹦出来的。

解析：孙悟空是我们在《西游记》中最喜欢的人物形象，用来做回忆线索再合适不过了。也可以把记忆关系联想的再夸张些，比如，孙悟空西天取经时迷路了，在电脑上打开地图查询取经路线。越生动、有趣，大脑记忆就越牢固。

第 5 组：空调——《镜花缘》

定位——想象：空调上挂着一面镜子，镜子上画着五颜六色的花朵。

解析：花朵可以代表美好的缘分。所以，镜子上的花就是"镜花缘"。

第 6 组：窗帘——《儒林外史》

定位——想象：窗帘上画着一片由儒生种植的森林。

解析：其实，《儒林外史》这本书的名字有点抽象，"儒林"根据发音可以联想成"儒生种植的森林"，顾名思义"儒林"，"外史"可以想象成"从儒林中向外传出的历史"，所以叫《儒林外史》。当然，《儒林外史》的实际意思不是这个，但为了方便大脑记住书的名字，我们先用字面意思记住，然后再慢慢理解。

第 7 组：窗户——《封神演义》

定位——想象：打开窗户后，跳进来一个疯了的神仙。

解析："封神"可以根据谐音联想成"疯神"，疯了的神仙。

第 8 组：栏杆——《聊斋志异》

定位——想象：栏杆下站着两个人正在聊斋饭的事情。

解析：提到"聊斋"这个关键词，很多人脑袋里全是鬼或者妖精的画面。"聊斋"可以联想成"聊天"，想象聊的是关于"斋饭"的事情。在哪里聊的呢？就是站在栏杆那里聊的。

第 9 组：沙发——《官场现形记》

定位——想象：一个当官的人坐在沙发上现出了自己的原形。

解析：这个当官的人是一个冒牌领导，是个大骗子。有的时候，我们直接利用字面意思，稍微发挥想象力，就可以快速定位要记的东西。

第 10 组：茶几——《东周列国志》

定位——想象：茶几上摆放了一大碗用冬瓜熬的粥，把这碗粥分到各个国家去。

解析："东周"这两个字有点抽象，我们就把它们进行编码，比如，把"东周"联想成"冬瓜熬的粥"。这个抽象的朝代一下就具体化了，大脑里有了画面感。"列国"可以想到世界上有许多国家，把这些国家的名字列在一起。

定位完毕后，我们再把刚才的 10 个记忆关系和联想的画面稍加复习，就可以把中国古典十大名著的名字做到"倒背如流"。而且，相信很多人可能定位记忆一遍后，不用做任何复习就可以按顺序一个不差地记住。回忆过程如下：

1. 花盆——回忆"花盆上盖了一栋红色的大楼"，想到《红楼梦》。

2. 音箱——回忆"音箱上挂着的水壶在漏水"，想到《水浒传》。

3. 电视——回忆"电视机里正在播放'桃园三结义'的影像"，这本书就是《三国演义》。

4. 电脑——回忆"电脑里面蹦出个孙悟空"，想到《西游记》。

5. 空调——回忆"空调上挂着一面镜子，上面画着花"，想到《镜花缘》。

6. 窗帘——回忆"窗帘上画着一片由儒生种植的森林"，想到《儒林外史》。

7. 窗户——回忆"打开窗户，跳进一个疯了的神仙"，想到《封神演义》。

第二章
记忆大师的三根魔法棒

8. 栏杆——回忆"栏杆下站着两个人正在聊斋饭的事情",想到《聊斋志异》。

9. 沙发——回忆"沙发上有个当官的人现出了原形",想到《官场现形记》。

10. 茶几——回忆"茶几上摆着一大碗冬瓜粥",想到《东周列国志》。

这样我们就根据这10个记忆挂钩轻而易举地按顺序记住了中国古典十大名著。如果对定位系统非常熟练,定位记忆的过程其实是非常简单的,只要进行大胆地联想和想象,每个记忆挂钩上的定位过程可能只需要1~2秒就足够了。也就是说,用空间定位记忆法只需要10~20秒就能轻松记住中国古典十大名著的名字。

有的同学可能会说:"即使没有记忆法,用死记硬背也能记得住,用定位法记忆还要准备定位系统,是不是太麻烦,太浪费时间了?"的确,死记硬背也能记得住,但并不代表记得牢。很多时候我们记得快,忘得也快,而且每次复习花费的时间和记忆时间差不多。其实,花费了时间记不住或者记不牢对于大脑来说才是最大的麻烦。而用定位法则不同,不仅记起来容易,而且不容易忘,复习也会非常高效,不需要过度重复。只需要在大脑里联想一遍记忆挂钩上所联结的记忆关系和画面,就可以快速加深记忆的牢固性。这就是定位的好处,也是记忆宫殿的强大之处。

所以,记不住一定有原因,忘不了肯定有方法。

最后,我们总结一下打造一流记忆宫殿的基本要求:

一、要有总设计图

玩过拼图游戏的人都知道,要想出色地完成挑战,需要提前看一下拼图的完整图片,便于大脑参考完整的拼图推理,判断每一个方位和区域需要什么样的色块和图案。我们在设计记忆宫殿时同样如此。

二、要有空间感

空间感即场景化，每个记忆挂钩要在记忆宫殿中有具体的位置。

三、要有方向感

有了总设计图，就需要设计一条记忆宫殿的参观路线，即记忆挂钩的顺序。根据大脑的回忆习惯，一般会按照"从左到右""从上到下"或"从前到后"的设计路线来选择记忆挂钩。

四、明确空间功能

就像生活中我们会把一套房子隔成不同的房间，而每个房间都有其主要功能一样，记忆宫殿也需要区分空间功能。在使用记忆空间前，要提前规划好每个记忆空间要放哪一类记忆内容。只有记忆空间分工明确，才能合理存储记忆材料。

五、选择有特征的记忆挂钩

记忆挂钩一般是生活中常用的、大小和功能比较明显的物品，这样更有利于大脑快速熟悉整个记忆宫殿，联结记忆时也就更加方便。

六、经常游览和维护

记忆宫殿打造完毕之后，首要任务是快速熟悉它，这样才不至于在宫殿里迷路。而且，并不是所有宫殿都是钢筋水泥的坚实结构，也会有一些"豆腐渣"工程。如果记忆宫殿不够牢固或不够实用，就可能需要重新布局，甚至推倒重建。

既然大家明白了记忆宫殿其实就是有空间感的定位系统，那么，接下来我们就在图2-6和图2-7两个生活空间里各找出10个记忆挂钩，再打造出两套空间定位系统，在后面章节的学科实战记忆中还会用到它们。"工欲善其事，必先利其器"。所以，请大家牢固记住这两套空间定位系统。

第二章
记忆大师的三根魔法棒

图 2-6　卧室定位图

① 木柜　② 电视　③ 吊灯　④ 壁画　⑤ 大床
⑥ 台灯　⑦ 花瓶　⑧ 雕塑　⑨ 书本　⑩ 椅子

图 2-7　卫生间定位图

① 创意瓷瓶　② 水龙头　③ 洗发水　④ 手纸　⑤ 马桶
⑥ 浴缸　⑦ 玻璃门　⑧ 灯　⑨ 挂画　⑩ 花洒

给数字"化妆记忆"的三种方式

记忆大师必备的《数字密码本》

10 秒钟牢记一条历史年代

2 分钟记忆 100 以内的质数

5 分钟记忆 100 个随机数字的秘密

附：圆周率前 1000 位

第三章
记忆学科中的数字信息

给数字"化妆记忆"的三种方式

从小到大我们一直都在跟数字打交道，它就像"跟屁虫"一样，始终没有离开过我们的生活和学习。比如，生活中我们需要记忆重要联系人的电话号码、银行卡密码、父母或朋友的生日、车牌号和门牌号码等；学习中我们需要记忆大量的数学公式、历史年代、物理和化学中的实验数据等。记数字不仅为我们的生活和学习提供帮助和支持，还可以活化大脑，提高大脑思维转速，间接激活大脑的记忆开关。我们知道，人体的衰老不是从皮肤开始的，而是从大脑开始的。所以，保持大脑活力很有必要。

既然记忆数字对我们来说如此重要，为什么记忆数字时常常会让人"头大"，甚至疲惫不堪呢？因为数字对于大脑来说属于"概念信息"，比较抽象，能看懂，但就是不好记。我们来做一个形象化的比喻，抽象信息就像一支没有颜料或颜料不足的画笔，它很难在我们大脑的画板上留下清晰的印迹。所以，如果没有好的记忆方法，数字真的不好记。

第三章
记忆学科中的数字信息

接下来,可以跟"头大的日子"说再见了。因为通过本章的学习,将彻底终结大脑对于数字记忆的刻板印象。数字将不再是我们的"死对头",而是"好朋友"。

如何才能把抽象数字这个"死对头"变成"好朋友"呢?其实非常简单,就是给数字"化妆",也就是编码。编码的目的是把抽象的数字形象化,或者说是图像化,为大脑创造更加直观、富有视觉冲击力的回忆线索。在数字、文字、字母、图像四大类学科记忆材料中,数字信息是最难记的,图像信息是记忆效率最高的。所以,把最难记的"数字"变成最容易记的"图像",问题就可以迎刃而解了。

编码是一种简单、有趣、好玩的大脑游戏。比如有一组随机数字"53474521211314",需要按顺序一个不差地记住,如果用死记硬背的方法去记忆,可能需要重复许多遍才勉强能记住,而且非常容易忘。因为这些数字对于大脑来说是抽象的、毫无意义的。不过,如果我们对这组数字通过联想和想象加以编码,结果就会截然不同。比如,根据"53474521211314"这组数字的读音联想成一句话:我相信(534),其实我爱你(74521),爱你一生一世(211314),相信任何人只要读一遍,大脑就可以在轻松、愉悦的状态下把这组数字牢记于心。这就是抽象信息编码记忆的重要性。

看到这里,大家会恍然大悟:"这不就是利用数字的谐音来记忆吗?"甚至会说:"我在学习中也用过这样的技巧,我知道,我明白。"但是,如果我们遇到的是没有谐音规律的数字组合,该怎么办呢?编码其实是一种语言艺术,它不是简单的谐音转化,而是有自己特定的原则和系统。

在记忆法中对抽象数字进行编码有三种方法：

第一种，谐音编码法。

谐音编码法就是通过两个数字组合的读音联想到一个"发音相似"的物品或图像。这种方法跟"取外号"有异曲同工之处。比如，数字组合"12"，通过读音可以联想到近似音"婴儿"，"13"可以联想到"医生"，"14"可以联想到"钥匙"（因为数字"1"也可以读作"yao"）。再比如，"54"可以联想到"武士"，"79"可以联想到"气球"……这种编码方法简单、易学，而且容易理解和记忆，通过数字的读音就可以对号入座。

第二种，象形编码法。

通过数字组合的外在形状联想到一个具体的物品或图像。比如，通过数字"1"的外形可以联想到"木棒"，"3"可以联想到"耳朵"，"7"可以联想到"镰刀"，"8"可以联想到"花生"，数字组合"11"可以联想到"筷子"等。

第三种，逻辑推理法。

逻辑推理法就是通过耳熟能详的数字组合推理出相关的物品或图像。这种编码方式适用于在日常生活中有特定意义的数字组合。比如，根据数字组合"20"可以推出"香烟"，因为一包香烟有20根（吸烟有害健康，大家要远离香烟）；"24"可以推出"闹钟"，因为一天有24个小时；"38"可以推出"妇女"，因为三八妇女节；"61"可以推出儿童，因为六一儿童节等。

通过上面三种数字编码方式的举例，我们可以推断出数字编码的核心原则是：形象化、具体化、图像化。也就是说，数字编码不是文字，而是这些文字在我们大脑中所对应的具体物品或图像。比如,数字组合"13",它的编码是"医生"。具体来讲,这里的"医生"是指穿着白大褂的医生形象,而非"医生"这个词。

记忆大师必备的《数字密码本》

《数字密码本》又叫《数字编码表》,是记忆大师解决与数字相关的记忆材料时必备的"武林秘籍"。最常用的数字编码有110个,有了它们,遇到任何与数字相关的记忆内容,都可以像《最强大脑》中的挑战选手一样,轻而易举地记录到大脑里,而且"久记难忘"。

接下来,让我们一起揭开《数字密码本》的神秘面纱!见表3-1。

表3-1 数字密码本

（续）

16 石榴	17 仪器	18 腰包	19 药酒	20 香烟
21 鳄鱼	22 双胞胎	23 乔丹	24 闹钟	25 二胡
26 河流	27 耳机	28 恶霸	29 阿胶	30 三轮
31 鲨鱼	32 扇儿	33 蝴蝶	34 三丝	35 山虎
36 山鹿	37 山鸡	38 妇女	39 沙丘	40 司令
41 死鱼	42 柿儿	43 石山	44 石狮	45 师父

第三章
记忆学科中的数字信息

（续）

46 饲料　　47 司机　　48 石板　　49 死狗　　50 武林高手

51 工人　　52 武二郎　　53 火山　　54 武士　　55 火车

56 蜗牛　　57 武器　　58 尾巴　　59 武警　　60 榴莲

61 儿童　　62 牛儿　　63 硫酸　　64 柳丝　　65 锣鼓

66 蝌蚪　　67 油漆　　68 喇叭　　69 漏斗　　70 冰淇淋

71 机翼　　72 企鹅　　73 奇参　　74 骑士　　75 西服

（续）

76 汽油	77 机器人	78 青蛙	79 气球	80 巴黎
81 白蚁	82 白鹅	83 爬山虎	84 巴士	85 白骨
86 八路	87 扒鸡	88 爸爸	89 白酒	90 酒瓶
91 球衣	92 球儿	93 旧伞	94 教师	95 酒壶
96 狗肉	97 旧旗	98 酒吧	99 舅舅	00 手铐
01 小树	02 铃儿	03 三脚凳	04 零食	05 手套

第三章
记忆学科中的数字信息

（续）

06 左轮手枪　　07 零钱　　08 篱笆　　09 加菲猫　　0 鸡蛋

2018年第十届世界思维导图锦标赛总冠军赵巍老师绘制

接下来，我们简单解析一下《数字密码本》中比较特殊的数字编码。

16 = 石榴：16是在数字编码中唯一一个完全根据"16"的数字谐音来编码的组合。

20 = 香烟：一包香烟有20根，所以"20"代表"香烟"。

22 = 双胞胎：两个2长得一样，而且2表示着"两个"，所以"22"代表"双胞胎"。

24 = 闹钟：一天有24个小时，所以"24"代表"闹钟"。

30 = 三轮车：0是车轮，有3个轮子，所以"30"代表"三轮车"。

33 = 蝴蝶：3像翅膀的形状，所以把"33"联想成"蝴蝶"。

38 = 妇女：三八妇女节，所以"38"代表"妇女"。

51 = 工人：五一劳动节，所以"51"代表"工人"。

55 = 火车：火车来了"呜呜（55）"地响，所以"55"代表"火车"。

61 = 儿童：六一儿童节，所以"61"代表"儿童"。

66 = 蝌蚪：6的形状像小蝌蚪，所以把"66"联想成"蝌蚪"。

73 = 奇参：奇参是指长得很奇怪的人参。

00 = 手铐：0像手铐上的铁环，所以"00"代表"手铐"。

01 = 小树：0 代表树冠，1 代表树干，0 和 1 组合起来就是小树。

05 = 手套：0 代表手掌，5 代表 5 根手指头，所以"05"代表"手套"。

06 = 手枪：0 代表子弹，左轮手枪有 6 发子弹，所以"06"代表手枪。

09 = 加菲猫：传说猫有 9 条命，所以把"09"联想成"加菲猫"。

除了要牢固记住每一个数字编码外，还要学会区分"同属性的"数字编码。比如，63 硫酸、67 油漆、76 汽油、89 白酒都是液态的。如何区分这些同属性的数字编码呢？其实，区分的方式是多种多样的。可以从颜色或作用上进行区分，比如硫酸具有腐蚀性，油漆是五颜六色的，汽油是可燃的，白酒是透明且有刺鼻味道的。只要我们做到哪里不同"记"哪里，相同属性的数字编码也就能区分开了。

大家需要注意的一点是：《数字密码本》中的编码不是固定的，给大家提供的编码仅供参考。如果觉得哪个数字编码对自己来说不太容易记住，或理解起来比较吃力，就可以根据数字编码的原则进行修改或替换。比如，11 除了可以代表"筷子"之外，还可以代表"双节棍"；30 除了可以代表"三轮车"之外，还可以代表"森林"。当然，数字编码不能总是变来变去，替换完毕后就要固定下来，否则大脑容易混淆。所以，适合自己的数字编码才是最好的编码。

有了这些数字"砖块"（编码），盖起一栋摩天大楼指日可待！所以，现在只需要把这些"砖块"全部搬到大脑的记忆仓库里，并做到滚瓜烂熟，就可以用它们解决任何与数字相关的记忆问题了。

《数字密码本》是解决数字记忆问题的"万能金钥匙"。

第三章
记忆学科中的数字信息

10 秒钟牢记一条历史年代

数字信息中的"数字"并不是独立存在的。例如,生日肯定对应某个人,密码对应某个账号,历史年代对应某个历史事件等。所以,数字信息是一种综合性的记忆材料。

历史年代是数字信息中比较有代表性的记忆材料。它是由时间(数字)和历史事件两个部分组成的。比如,1839 年林则徐虎门销烟,1857 年印度民族起义,1940 年百团大战等。如果只是记忆两三个历史年代,对于大脑来说其实压力并不大,但如果把"1368 年朱元璋建立明朝,1684 年清朝统一台湾,设置台湾府,1774 年美国费城第一次大陆会议,1839 年林则徐虎门销烟,1857 年印度民族起义,1940 年百团大战,2008 年北京举办奥运会"等大量历史年代全部精准且牢固地记住,就不是一件简单的事情了。因为,数字对于大脑来说太抽象了。所以,要想记住这么多历史年代,就需要对抽象的数字进行编码记忆。

记忆历史年代有两种方法:

第一种,整体编码记忆法。

整体编码记忆法是指把整个数字组合通过联想和想象编码成某个图像,然后再和历史事件联结在一起的一种记忆思路。以"1857 年印度民族起义"为例,首先要把代表年代的数字组合"1857"进行整体编码,通过这四个数字的整体读音,可以联想成"一把武器",这样抽象的年代(数字)对于大脑来说就变得形象了。然后,再把编码后的图像"一把武器"和历史事件"印度民族起义"联结成一个记忆的整体。

可以这样想象：印度民族起义时，每人拿了一把武器（1857）——"1857年印度民族起义"，这条历史年代就通过整体编码记忆法牢牢记住了。看到"1857年"我们就能联想到"一把武器"，然后顺理成章地推出它所对应的历史事件是"印度民族起义"。提到"印度民族起义"时，就想到"每人拿了一把武器"，进而推出这个事件发生在"1857年"。不仅记起来容易，而且回忆时也非常简单。

第二种，分解编码记忆法。

分解编码记忆法是指把不能直接整体编码的数字组合，分解成大脑熟悉的数字编码，然后再和历史事件联结在一起的一种记忆思路。以"1839年林则徐虎门销烟"为例，"1839"这个数字组合很难整体编码成某个图像，所以必须采取分解编码的方式来记忆。"18"代表"腰包"，"39"代表"沙丘"，这样"1839"就被分解编码成了"腰包、沙丘"。接下来，我们只需要把"腰包、沙丘"和"林则徐虎门销烟"这个历史事件联结起来就可以了。

比如，我们可以想象：林则徐挎着腰包（18）爬上沙丘（39）指挥虎门销烟。这样"1839年林则徐虎门销烟"这条历史年代，就在有点儿搞笑，甚至无厘头的轻松状态下被记住了。看到"1839年"，就能联想到"腰包、沙丘"，然后顺理成章推出它所对应的历史事件是"林则徐虎门销烟"。提到"林则徐虎门销烟"时，就能想到"林则徐挎着腰包爬上沙丘指挥虎门销烟"然后推出这个事件发生在"1839年"。记忆的过程很有画面感，不容易忘。

下面，我们总结一下记忆历史年代的基本步骤：

第一步，把代表时间的数字组合整体编码或分解编码成大脑能理解

第三章
记忆学科中的数字信息

的图像。

第二步，把历史事件与数字编码通过联想和想象按顺序联结在一起。

第三步，把联想和想象的记忆片段在大脑中"重播"。

第四步，把记忆片段中的数字编码"翻译"成历史年代（数字）。

在用记忆法记忆历史年代时，需要提醒大家的是，**数字编码完毕后，我们要将历史事件放在数字编码的前面，然后再和数字编码联结记忆。**这样做不仅便于联结，更有利于大脑回忆起时间。同样以"1839年林则徐虎门销烟"为例，如果把"腰包、沙丘"和"林则徐虎门销烟"按顺序直接联结为"把腰包扔到沙丘上，看到林则徐在虎门销烟"，联结记忆关系会显得比较牵强，虽然也可以帮助我们记忆，但记忆效果不如把历史事件放到数字编码前，然后再联结那样好。用历史事件做"主语"记忆起来更干脆利落，不拖泥带水。

真正的学习在行动之后。既然知道了如何记忆历史年代，接下来，就请大家用记忆法尝试记住以下历史事件所对应的年代。这样做一方面可以帮助我们熟悉《数字密码本》中的数字编码，另外一方面可以通过实战练习熟悉记忆方法的使用步骤。

1069年王安石变法。

1368年朱元璋建立明朝。

1774年美国费城第一次大陆会议。

1900年八国联军侵略中国。

1940年百团大战。

如果对数字编码还不够熟练，建议大家在记忆过程中翻看前面的《数字密码本》。历史事件和数字编码联结的过程要干脆利落、夸张、有趣、富有想象力。只有进行充分的联想和想象，大脑才会把注意力集中在我们所记忆的内容上。注意力决定记忆力，大脑越关注什么，什么就越容易被记住。

记忆完毕后，请将正确的历史年代填入空白的横线上。

_____年王安石变法。

_____年朱元璋建立明朝。

_____年美国费城第一次大陆会议。

_____年八国联军侵略中国。

_____年百团大战。

填写完毕后，对照上面的答案，数数自己答对了几条。即使有某个历史年代写错了，也不要担心，这正是我们总结经验的好时机。如果填写的答案出现了问题，原因可能有以下两种：

第一，对数字编码不熟练，年代还原错误。比如，把"医生 = 13"还原成了"12"。

第二，联结关系过于抽象或平淡，记忆画面不够夸张、有趣。

参考记忆思路：

1069 年王安石变法。

编码：10 棒球 + 69 漏斗

联结：王安石拿着棒球（10）砸坏了漏斗（69）宣布变法。

1368 年朱元璋建立明朝。

编码：13 医生 + 68 喇叭

联结：朱元璋请了一群医生（13）吹喇叭（68）庆祝明朝建立。

1774 年美国费城第一次大陆会议。

编码：1774 = 一起气死

联结：美国费城第一次大陆会议时，所有开会的人一起气死了（1774）。

1900 年八国联军侵略中国。

编码：19 药酒 + 00 手铐

联结：八国联军喝着药酒（19）戴着手铐（00）侵略中国。

1940 年百团大战。

编码：19 药酒 + 40 司令

联结：百团大战时药酒（19）全涂在了司令（40）身上。

通过以上五个记忆练习不难发现，只有将《数字密码本》中所有的数字编码记得"滚瓜烂熟"，才能在记忆数字类信息时做到快速编码和联结。如果对数字编码不熟练，对编码对应图像的反应速度就会慢。编码反应速度慢，联结过程就会滞后，花费的记忆时间就会多。所以，当务之急请大家一定要拿出时间复习和记忆《数字密码本》，直到滚瓜烂熟。

拓展训练：记忆综合性数字信息。

1644 年清军入关。

编码：16 石榴 + 44 石狮

联结：清军入关时用石榴（16）砸坏了路边的石狮（44）。

贝加尔湖最深处达 1620 米。

编码：16 石榴 + 20 香烟

联结：贝加尔湖的湖面上漂着许多石榴（16），每个石榴都抽着香烟（20）。

张小黑的生日是 11 月 14 日。

编码：11 筷子 + 14 钥匙

联结：张小黑过生日时用筷子（11）夹着金钥匙（14）。

农业银行卡的密码是 439879。

编码：43 石山 + 98 酒吧 + 79 气球

联结：农行卡的卡面上有座石山（43），上面盖了一家酒吧（98），门口挂满气球（79）。

雷刚的快递单号是 89350480

编码：89 白酒 + 35 山虎 + 04 零食 + 80 巴黎

联结：雷刚喝了白酒（89）骑着山虎（35），山虎吃着零食（04）爬上巴黎（80）铁塔。

记忆答题区：请将正确的数字填入空白的横线上。

公元_____年清军入关。

贝加尔湖最深处达_____米。

张小黑的生日是_____月_____日。

农业银行卡的密码是_____。

雷刚的快递单号是_____。

2 分钟记忆 100 以内的质数

质数（prime number）又称素数，一个大于 1 的自然数中，除了 1 和它本身外不能被其他自然数整除的数叫作质数。

第三章
记忆学科中的数字信息

许多孩子在记忆100以内的质数（见表3-2）时非常苦恼，一不小心就会出现错误。其实，如果我们把每个质数都联想成数字编码，记起来就容易很多了。100以内的质数对应的数字编码见表3-3。

表3-2　100以内的质数

2	3	5	7	11
13	17	19	23	29
31	37	41	43	47
53	59	61	67	71
73	79	83	89	97

表3-3　100以内的质数对应的数字编码

鸭子	耳朵	秤钩	镰刀	筷子
医生	仪器	药酒	乔丹	阿胶
鲨鱼	山鸡	死鱼	石山	司机
火山	武警	儿童	油漆	机翼
奇参	气球	爬山虎	白酒	旧旗

接下来，我们只需用联结记忆法把这些数字编码按顺序联结起来就可以了。比如，我们可以想象："鸭子（2）的耳朵（3）上挂着一个秤钩（5），秤钩砸弯了镰刀（7），镰刀削断了筷子（11），筷子划伤了医生（13），医生正在操作仪器（17），仪器造出药酒（19），药酒涂在乔丹（23）身上，乔丹吃着阿胶（29），阿胶粘在鲨鱼（31）身上，鲨鱼正在追一只山鸡（37），山鸡在烤死鱼（41），死鱼被扔到石山（43）上，石山上全是司机（47），司机爬到火山（53）口，火山里有一个武

警（59），武警正在解救一个受伤的儿童（61），儿童浑身是油漆（67），油漆刷在飞机的机翼（71）上，机翼上长出各种奇参（73），奇参上拴着五颜六色的气球（79），气球上画着爬山虎（83），爬山虎喝了白酒（89），白酒里泡着旧旗（97）"，通过这个故事，我们可以根据大脑中的记忆关系和画面"顺藤摸瓜"回忆起所有的数字编码，也就记住了100以内的质数。当然，如果刚才的记忆故事一遍记不住，可以再复习一遍。毕竟，我们的大脑不是摄像机。

请在空白表格3-4中尝试写出100以内的质数。

表3-4

其实，记忆离不开理解，不是所有的记忆内容都需要编码。比如，质数2、3、5、7、11等一眼就能看出除了1和它本身外不能被其他自然数整除。所以，能理解记忆的先理解记忆，不能理解记忆的再编码记忆。

记忆是没有标准答案的。除了可以用编码和联结的方式记忆100以内的质数外，也可以用"顺口溜记忆法"，参考思路如下：

两位质数不用愁，可以编成顺口溜。

十位若是4和1，个位准有1、3、7；（41/43/47/11/13/17）

十位若是2、5、8，个位3、9往上加；（23/29/53/59/83/89）

十位若是3和6，个位1、7跟在后；（31/37/61/67）

十位若是被 7 占，个位准是 1、9、3；（71/79/73）

19、97 最后算。（19/97）

"不管黑猫白猫，抓到老鼠就是好猫"，记住才是硬道理。所以，我们在学习记忆法的过程中，要活学活用，要有自己独立的思想和思路。说不定，一个记忆问题有 N 个解决办法。当然，如果我们把联结记忆法和顺口溜记忆法做个对比，同样是记得住 100 以内的质数，联结记忆法相对来说回忆速度更快，顺序不乱，而顺口溜记忆法可能需要一气呵成，推演过程需要多花一些时间。

5 分钟记忆 100 个随机数字的秘密

有一位传奇企业家，记忆力非常出众，尤其擅长记忆电话号码，2000 多个电话号码能倒背如流。在日常生活中我们不需要记住 2000 多个电话号码，也极少需要记住上百个随机的阿拉伯数字。但我们一定需要掌握记忆抽象数字的本领。在学校考试中，一个数字写错，整道题都会错，容不得半点马虎。比如，把"1857 年印度民族起义"的历史年代写成"1858 年"，即使对了前 3 个数字，这道题也是得零分。

那么，有没有一种方法既可以提高记忆数字的精准度和速度，又能潜移默化地锻炼大脑的记忆力呢？答案就是：记忆随机数字。通过记忆随机数字的技能训练，间接夯实大脑记忆随机数字的机能记忆能力。同时，还可以释放被埋没已久的想象力，从本质上改善大脑的记忆水平。

举例：请按顺序记住表 3-5 中的 40 个随机数字。

表 3-5　随机数字

3	8	0	4	1	4	5	8
5	5	4	8	2	1	8	9
4	3	2	4	8	1	9	2
7	1	6	4	4	6	3	5
6	4	3	3	6	0	1	1

记忆随机数字最常用的是联结记忆法和定位记忆法。我们在记忆 100 以内的质数时，用的就是联结记忆法。仔细算一下，在记忆 100 以内的质数时，相当于用联结记忆法一下子记住了 46 个随机数字。其实大家现在已经具备了记忆随机数字的能力。虽然联结记忆法可以帮助我们记住随机的长数字，但这种记忆方式有个弊端，那就是如果某个编码想不起来，就会造成后面一连串的数字都想不起来。而定位记忆法就可以很好地规避这个问题，即使某个记忆挂钩上的编码暂时没有想起来，也不会影响其他记忆挂钩上的回忆。当然，不管用哪种方法记忆，必须将《数字密码本》记得滚瓜烂熟。

接下来，我们就用在第二章中卧室里打造的空间定位系统来记忆这 40 个随机数字。

第一步，准备定位系统，按顺序回忆卧室中的 10 个记忆挂钩。

① 木柜　② 电视　③ 吊灯　④ 壁画　⑤ 大床
⑥ 台灯　⑦ 花瓶　⑧ 雕塑　⑨ 书本　⑩ 椅子

第三章
记忆学科中的数字信息

第二步，将随机数字"化妆"成数字编码（见表 3-6），并两两一组定位在记忆挂钩上。

表 3-6　数字编码

妇女	零食	钥匙	尾巴
火车	石板	鳄鱼	白酒
石山	闹钟	白蚁	球儿
机翼	柳丝	死鱼	山虎
柳丝	蝴蝶	榴莲	筷子

第 1 组：木柜——妇女，零食

定位——想象：木柜里蹲着一个妇女，在偷吃零食。

第 2 组：电视——钥匙，尾巴

定位——想象：电视上插着一把钥匙，固定住了一根尾巴。

第 3 组：吊灯——火车，石板

定位——想象：吊灯上挂着一辆火车，火车里装满了石板。

第 4 组：壁画——鳄鱼，白酒

定位——想象：壁画里爬出一只鳄鱼，用白酒泡澡。

第 5 组：大床——石山，闹钟

定位——想象：大床上压着一座石山，石山上长满闹钟。

第 6 组：台灯——白蚁，球儿

定位——想象：台灯里爬出一群白蚁，白蚁踢着球儿。

第 7 组：花瓶——机翼，柳丝

定位——想象：花瓶里长出机翼，机翼上垂下一根根柳丝。

第 8 组：雕塑——死鱼，山虎

定位——想象：狮子雕塑嘴里叼着死鱼，死鱼吓哭了山虎。

第 9 组：书本——柳丝，蝴蝶

定位——想象：书本里夹着柳丝，柳丝上落满了蝴蝶。

第 10 组：椅子——榴莲，筷子

定位——想象：椅子上摆着一堆榴莲，榴莲上插着一根筷子。

第三步，根据定位系统，按顺序将 10 个记忆挂钩上定位的数字编码"翻译"成数字。

1. 木柜——回忆：木柜里蹲着一个妇女（38），在偷吃零食（04）。

2. 电视——回忆：电视上插着一把钥匙（14），固定住了一根尾巴（58）。

3. 吊灯——回忆：吊灯上挂着一辆火车（55），火车里装满了石板（48）。

4. 壁画——回忆：壁画里爬出一只鳄鱼（21），用白酒（89）泡澡。

5. 大床——回忆：大床上压着一座石山（43），石山上长满闹钟（24）。

6. 台灯——回忆：台灯里爬出一群白蚁（81），白蚁踢着球儿（92）。

7. 花瓶——回忆：花瓶里长出机翼（71），机翼上垂下一根根柳丝（64）。

8. 雕塑——回忆：狮子雕塑嘴里叼着死鱼（41），死鱼吓哭了山虎（35）。

9. 书本——回忆：书本里夹着柳丝（64），柳丝上落满了蝴蝶（33）。

10. 椅子——回忆：椅子上摆着一堆榴莲（60），榴莲上插着一根筷子（11）。

请在空白表格3-7中尝试写出刚才记忆的40个随机数字。

表3-7

拓展训练：请用在第二章中卫生间里打造的空间定位系统记忆表3-8中的40个随机数字。

表3-8 随机数字

5	3	2	1	3	5	8	8
1	4	2	0	5	4	1	3
6	0	1	9	3	8	4	1
8	0	1	0	9	3	5	8
7	1	4	3	8	1	5	7

请在空白表格3-9中尝试写出刚才记忆的40个随机数字。

表3-9

定位记忆法是精准记忆随机数字最有效的方式之一。一个记忆挂钩定位两个数字编码，一个数字编码代表两个数字，记忆 40 个随机数字就需要准备 10 个记忆挂钩。如果要记忆 100 个随机数字，就需要 100/4 = 25 个记忆挂钩。也就是说，只要熟练掌握《数字密码本》，并准备充足的记忆挂钩，记忆 100 个随机数字，无非是用 25 个记忆挂钩做 25 次定位而已；如果要记忆 200 个随机数字，就要准备 50 个记忆挂钩。所以，请大家在自己熟悉的生活或学习空间中，找到更多固定、有序、有特征的物品，10 个一组记录在笔记本上，并作为记忆挂钩来使用，以备不时之需。

虽然在学校的日常考试中不会记忆长长的随机数字，但随机数字的记忆训练会为我们掌握更多、更实用的学科记忆方法打下坚实的基础。通过随机数字的记忆训练可以充分释放和提高大脑联想和想象的能力，相当于百米决赛前的"热身运动"，对于记忆法的学习至关重要。

成长的道路上，每一滴汗水都不会白流。

附：圆周率前 1000 位

3.
1415926535 8979323846 2643383279 5028841971 6939937510
5820974944 5923078164 0628620899 8628034825 3421170679

8214808651 3282306647 0938446095 5058223172 5359408128

第三章
记忆学科中的数字信息

4811174502 8410270193 8521105559 6446229489 5493038196

4428810975 6659334461 2847564823 3786783165 2712019091
4564856692 3460348610 4543266482 1339360726 0249141273

7245870066 0631558817 4881520920 9628292540 9171536436
7892590360 0113305305 4882046652 1384146951 9415116094

3305727036 5759591953 0921861173 8193261179 3105118548
0744623799 6274956735 1885752724 8912279381 8301194912

9833673362 4406566430 8602139494 6395224737 1907021798
6094370277 0539217176 2931767523 8467481846 7669405132

0005681271 4526356082 7785771342 7577896091 7363717872
1468440901 2249534301 4654958537 1050792279 6892589235

4201995611 2129021960 8640344181 5981362977 4771309960
5187072113 4999999837 2978049951 0597317328 1609631859

5024459455 3469083026 4252230825 3344685035 2619311881
7101000313 7838752886 5875332083 8142061717 7669147303

5982534904 2875546873 1159562863 8823537875 9375195778
1857780532 1712268066 1300192787 6611195909 2164201989

如何记忆课本中的生字词

跟背诵时漏字词的坏习惯说再见

背课文时下一句总想不起来，怎么办

用原来一半的时间记忆一篇课文

用逻辑画图法 5 分钟记忆一首长古诗

用对音对字法牢记文言文

第四章

记忆学科中的文字信息

如何记忆课本中的生字词

汉字是世界上最古老的文字之一，已有数千年的历史。在字形上逐渐由图形变为笔画，在造字原则上从表形、表意变为形声。现存最早可识的汉字是约公元前1300年殷商的甲骨文和稍后的金文，到秦朝时为小篆和隶书，至汉魏隶书盛行，到了汉末隶书楷化为正楷，盛行于魏晋南北朝，至今通行。

汉字是迄今为止连续使用时间最长的文字，也是上古时期各大文字体系中唯一传承至今的文字，中国历代皆以汉字为主要官方文字。在古代，汉字不只有中国使用，在很长时期内还充当了东亚地区唯一的国际交流文字。

汉字是中国悠久文化的源头活水，一笔一画，蕴含着中国人独特的思维方式；横平竖直，承载着中华文明厚重的底蕴和价值。学好汉字，才能更好地领略博大精深、灿烂辉煌的中国文化。

记忆生字、扩大词汇量是学习的基础，接下来我们就梳理一下常用的记忆生字的方法。

第四章
记忆学科中的文字信息

象形识字法

汉字主要起源于记事的象形性图画，象形文字是汉字体系得以形成和发展的基础。象形文字的一个特点就是描摹实物，有些字就是一幅画，如"日、月、山、水、田"等都可以以简笔画的方式识记。

图 4-1　象形文字

拆分识字法

严格意义上来讲，汉字不是由笔画构成的，而是由不同的偏旁部首组成的。所以，在汉语体系中，许多汉字都可以直接用拆分联想法去记忆。比如，"休"字，可以拆分成"亻+木"，可以想象成"有一个人靠在木头上休息"；"闯"字，可以拆分成"门+马"，可以想象成"马闯进门里偷吃粮食"；"裹"字，可以拆分成"衣+果"，因为中间的"果"字去掉后，剩下的部分合起来就是"衣"字，所以可以想象成"有个小孩用衣服包裹着许多野果"。

对比识字法

对比识字法是把结构相近的汉字进行对比记忆的一种方法。例如，泡、炮、跑、袍、饱、胞、抱、刨、苞，字形相近，容易混淆，若归类、比较后，可编成顺口溜加以区分："有水冒气泡，有火放鞭炮，有足才能跑，有友穿长袍，有食能吃饱，有月是同胞，有手来拥抱，有刀把木刨，草头在上是花苞。"

再举一组例子：闲、间、闯、闭、闻、阅、闷、闹、问、闩，也可以编成顺口溜《进"门"歌》，"木字进门正清闲，日字进门坐中间，马字进门往里闯，才字进门紧闭眼，耳字进门听新闻，兑字进门阅报刊，心字进门说烦闷，市字进门闹喧天，口字进门问为啥？一字进门上门闩。"

加减识字法

有些生字可以用"以熟记新"的思路，把学过的字加一部分或去一部分辅助大脑记忆。比如，"胡"字加"米"是"糊"字，"今"字加"丶"是"令"字，"竟"去"一"是"竞"字等。

偏旁识字法

这种方法可以协助我们找到识字的规律，运用造字规律识字。比如，"木"字旁，大多是与树木有关的字（如杨、柳、松、柏、桦、林等）；"扌"多是与手有关的字（如打、提、抬、抱、扛等）；"犭"代表与动物有关的字（如猪、狗、猫、狼等）。这样的形声字还有很多，知道了偏旁的意义，看看声旁就可以大概知道这些字的读音和含义。这样不仅可以调动大脑认字的积极性，而且有些汉字即使没学过也能大概了解其字义和读音。

猜谜识字法

根据汉字的形或义，可以编一些谜语来帮助记忆。比如，"三日"（晶），"三口"（品），"三石"（磊），"三木"（森），"三火"（焱），

第四章
记忆学科中的文字信息

"长女的妹妹"（姿）；再比如，"晴空朗月挂边陲"（郎），"人手一口"（拾），"半耕半读"（讲）等。

其实，记忆汉字除了上面这些方法和技巧外，还离不开一个非常重要的环节——书写。书写是"手脑协调"体验式记忆的过程，我们的身体会基于这种相对单一且机械的方式，在不断重复的过程中形成肌肉记忆。我们会发现有时候字写慢了反而容易错，写快了反而更加精准。所谓"提笔忘字"往往是汉字书写的熟练度不够造成的。识字量固然重要，但是在学校日常考试中汉字书写的精准度会直接决定考试成绩。所以，不管用哪一种方法记忆汉字，都要加强书写练习。因为，书写肩负了汉字输入大脑和输出大脑两个非常重要的环节。

汉字组成词语，词语组成句子，句子组成段落，段落组成文章。有了一定的识字量，我们在记忆生词时就能变得游刃有余。但是，不是所有的生词都好记。因为，有些生词虽然大脑能理解它的基本意思，但就是记不住这些词语的读音。所以就造成了词语读音没记住，词语就写不出来的尴尬局面。而那些不好记的生词，往往都具备这个特点。

比如，菜畦——有土埂围着的一块块排列整齐的种蔬菜的田，我们可能很容易记住"菜"，但不一定能精准记住"菜畦"，因为"畦"字对于大脑来说不好理解。再比如，弥望——充满视野，满眼的意思，我们很容易记住"望"，但不一定能记清楚"弥"，因为"弥"字对于大脑来说比较抽象。

接下来，我们就针对"词语读音记不住"造成"词语写不出"这个窘境，讲一下对音对字记忆法。对音对字记忆法是指把不好记忆的词语的整体读音，通过联想和想象编码成大脑能理解的概念或图像，用来辅助记忆的一种方法。

比如，刚才我们提到的两个词语"菜畦""弥望"。"菜畦"可以联想成"菜旗"，根据这个词语的读音联想成"菜做的旗子"，"旗"对应的是"畦"的发音，这样大脑可以根据"菜做的旗子"记住"菜畦"的发音。词语的发音记住了，精准记忆时再"还原"成原本的汉字"畦"就可以了。"弥望"可以根据读音联想成"猕猴桃在观望"，这样"弥望"的字面读音就记住了，再还原成"弥"字也就可以了。

大家可能会问："这样会不会有可能记错汉字？把'菜畦'的'畦'写成'旗子'的'旗'。"说实话真的有可能会记错，但是如果我们连这个词语的读音都记不住，那么就连"写错的机会"都没有。毕竟，我们的大脑有一定的判断记忆能力，稍加理解和复习，就可以精准且牢固地记住相应的汉字。另外，**不管我们用哪种方法记忆生词，都要对词语的意思进行理解**。因为，理解是记忆的"润滑剂"，有助于提高记忆的精准度。

下面，我们用对音对字的方法再讲解一些生词的记忆案例。

炊烟袅袅
注释：古时人们做饭时轻烟徐徐回旋上升，随风而逝的景象。
联想：炊烟熏黑了两只小鸟（袅袅）的衣服。

毛骨悚然
注释：身上毛发竖起，脊梁骨发冷，用来形容十分恐惧。
联想：毛骨耸立在燃料罐上（悚然）。

程门立雪
注释：旧指学生恭敬受教，现指尊敬师长。

第四章
记忆学科中的文字信息

联想：城门（程门）口立着一个雪人（立雪）。

揠苗助长
注释：把苗拔起，帮助其生长。比喻急于求成，反而坏了事。

联想：亚洲禾苗（揠苗）吃了能帮助长个（助长）。

栩栩如生
注释：形容画作、雕塑中的艺术形象等生动逼真，就像活的一样。

联想：许许多多的木头上长出羽毛（栩栩），如同有了生命（如生）。

汗牛充栋
注释：本义是指用牛运书，牛要累得出汗，书多得能放满整个屋子。形容书籍极多。

联想：满头大汗的牛（汗牛）冒充栋梁（充栋）。

有恃无恐
注释：因为有一些倚仗而毫不害怕，或指毫无顾忌。

联想：有事的人（有恃）一点不恐惧（无恐）。

津津乐道
注释：形容对某件事十分感兴趣地谈论。

联想：两个天津人（津津）快乐地走在人行道上（乐道）。

庖丁解牛
注释：比喻经过反复实践，掌握了事物的客观规律，做事得心应手，运用自如。

联想：袍子里有颗钉子（庖丁），用它解剖了一头牛（解牛）。

缘木求鱼

注释：爬到没有鱼的树上去找鱼。比喻方向或办法不对，不可能达到目的。

联想：拿着圆木头（缘木）求一只鱼（求鱼）。

我们在用对音对字法记忆生词的过程中，一定要注意"对照还原"。什么是对照还原？就是指还原生词原本的汉字。比如"炊烟袅袅"，我们联想的是"炊烟熏黑了两只小鸟的衣服"，我们要把"炊烟袅袅"的"袅袅"写成"袅袅"，而不是"鸟鸟"。用"鸟"来记忆"袅"的发音是对音，回忆时要写成"袅"是对字，也就是对照还原。

所以，我们在记忆生字词时一定要注意对照还原，提高记忆的精准度。

跟背诵时漏字词的坏习惯说再见

很多同学在背诵课文时，经常出现漏字词的现象。而一旦在考试中有某个字想不起来或写错，这道题就会被扣分。要想解决这个记忆困局，我们必须搞清楚背诵时漏字词的原因。其实，很多同学之所以有漏字词的坏习惯，是因为大脑在记忆过程中，认为句子中的某个字或词的读音比较抽象或不好理解，从而造成记忆时印象模糊，容易记错或遗忘。

抽象的、不好记忆的字或词要想记得快、记得牢，就需要对这些字或词进行编码，然后再和原文句子联结在一起。接下来，我们还是通过具体的记忆案例来讲解其中的记忆技巧。

第四章
记忆学科中的文字信息

二楼教室的后墙上贴满一张张泛黄的相片。

问题:把"相片"记成了"照片"。

解析:虽然"相片"和"照片"是同一种东西,但因为原文中是"相片",所以不能写为"照片"。如果在考试中把"相片"写成"照片",这道题就一定会扣分。要想记清楚"相片",就要通过对音对字的方式对"相"字进行编码。比如,我们可以记忆为"二楼教室的后墙上贴满一张张泛黄的相片,相片里有一头大象",用"大象"对音对字"相片",我们就可以轻而易举地记清楚是"相片",而不是"照片"了。

曲曲折折的荷塘上面,弥望的是田田的叶子。

问题:"弥望"和"田田"记不清。

解析:"弥望"是指充满视野,满眼。可以根据读音联想成"猕猴桃在观望",这样"弥望"的字面读音就记住了。"田田"形容荷叶相连、盛密的样子,又引申出鲜碧的、浓郁的意思。这个词的意思好理解,但是要还原成原文"田田的"有些困难,因为这个词对于大脑来说比较抽象。我们可以把"田田的叶子"联想成"甜甜的叶子"或者"两块田里的叶子",整体联想成"猕猴桃望到甜甜的叶子"。抽象词的读音记住之后,再还原成原本的汉字"弥望、田田"就容易很多了。

青青园中葵,朝露待日晞。

问题:"晞"字记不住。

解析:"青青园中葵,朝露待日晞"是指园中的葵菜郁郁葱葱,晶莹的朝露在阳光下飞升。"晞"指天亮,引申为阳光照耀。虽然意思一看就懂,很容易理解,但回忆时却很难想起"晞"字来。这就需要我们通过对音对字的方式来记忆。比如,根据读音可以将"晞"联想为"吸管、西瓜、西服"等。编码完毕后，再和原文句子联结起来，想象"朝露等待太阳上长出吸管"或"朝露等待太阳上长出西瓜"，这样就可以记住"晞"字的读音了，再还原成原本的汉字，这句话就记住了。

竹喧归浣女，莲动下渔舟。

问题："浣女"记不住。

解析："竹喧归浣女，莲动下渔舟"是指竹林喧响知是洗衣服的姑娘归来，莲叶轻摇想是上游荡下轻舟。"浣女"指洗衣服的姑娘。对于大脑来说"洗衣服的姑娘"能理解，但"浣女"却有难度。我们可以想象成"竹林里归来的女孩子相互呼唤"，"唤"对音"浣"，先对音再对字，这样"竹喧归浣女"也就记住了。

土地平旷，屋舍俨然。

问题："平旷"记不清，"俨然"记不住。

解析："土地平旷，屋舍俨然"是指土地很空旷，房屋排列得很整齐。有的同学会把"平旷"记成"平整"，"俨然"的意思能理解，但原文想不起来。针对这种情况，我们一定要养成用对音对字的方法对文字或词语进行编码的记忆习惯。比如，"土地平旷"我们可以联想成"土地平整，上面摆着一瓶矿泉水"，"矿"对音"旷"。"屋舍俨然"我们可以联想成"屋舍的眼睛在燃烧"，"眼睛在燃烧"对音"俨然"。这样"土地平旷，屋舍俨然"就记住了。

楚人有鬻盾与矛者。

问题："鬻"字记不住。

解析："楚人有鬻盾与矛者"是指有一个楚国人，既卖盾又卖矛。"鬻"是卖的意思。"鬻"是一个动词，比较抽象。我们可以根据"鬻"

的读音编码成"玉",一块玉石,想象成"楚国有个人把玉石镶嵌在自己卖的盾与矛上"。这样"楚人有鬻盾与矛者"的"鬻"就记住了。

在记忆课文句子时,如果有个别字词记不清或记不住,就把这些字词在句子里圈出来。然后,通过对音对字的方法把这些难记的字词进行编码,联想成大脑容易理解的图像或概念。最后,再和原文句子联结在一起,并对照还原。这样我们就可以轻松解决背诵时漏字词的坏习惯了。

背课文时下一句总想不起来,怎么办

在背诵课文时除了可能会漏字词外,最让人头疼的是"下一句想不起来"。比如,很多同学背课文时,必须一气呵成,如果背诵过程中有一个地方卡住,下一句就想不起来了。这是因为过去我们要想记住古诗或课文,靠的是声音的反复刺激和熟练度,死记硬背,回忆线索比较单一和抽象。其中,最典型的问题是古诗的题目和古诗的第一句对应不上,造成整首诗想不起来。而且,平时大家背诵的古诗比较多,回忆第一句时还极有可能"串台",造成回忆混乱。比如,当老师提问王维的古诗《鹿柴》时,如果第一个半句"空山不见人"想不起来,后面的诗句即使记忆得再熟练,也没办法继续背诵,因为回忆的起点没找到。

其实,题目和第一句对应不上,或下一句想不起来,都是因为"记忆关系"断了。打个比方,如果一个人的胳膊不小心摔断了,肯定不是去医院截肢,而是把断了的骨头接起来。记忆也是一样的,断了的记忆关系需要通过逻辑关系或联想和想象联结起来。

解决这一问题有两种方法:逻辑推理记忆法和关键词联结记忆法。

一、逻辑推理记忆法

逻辑推理记忆法是指通过上下句本身就具备的逻辑关系进行推导记忆。

举例1：曲曲折折的荷塘上面，弥望的是田田的叶子。叶子出水很高，像亭亭的舞女的裙。

逻辑解析：

上一句讲的是看到了什么地方有什么东西（荷塘上面有田田的叶子），下一句讲的是看到的这个东西在哪里，长得像什么（在水面上，像舞女的裙）。这两句话的逻辑记忆关系就是：在什么地方有什么东西，这个东西在哪里，像什么。其实，这也是对作者文字描述内容的理解和再现的过程。所谓还原作者的所见、所闻、所感，就是这个意思。

举例2：

好雨知时节，当春乃发生。
随风潜入夜，润物细无声。

逻辑解析：

这两句诗出自杜甫的作品《春夜喜雨》。如何记清楚"当春乃发生"的后一句是"随风潜入夜"呢？我们先来看这两句诗的意思：好雨似乎会挑选时辰，降临在万物萌生之春。伴随和风，悄悄进入夜幕。细细密密，滋润大地万物。上下句的逻辑记忆关系就是：什么东西在什么时候降临，和什么东西去了哪里，做了什么事情。具体记忆关系就是：好雨和风滋润了大地万物。这样我们就能记清楚"好雨知时节，当春乃发生"下一句就是"随风潜入夜，润物细无声"了。

举例3：从小丘西行百二十步，隔篁竹，闻水声，如鸣珮环，心乐之。伐竹取道，下见小潭，水尤清冽。

逻辑解析：

这两句出自柳宗元的作品《小石潭记》，原文意思是：从小丘向西走一百二十多步，隔着竹林，可以听到流水的声音，好像人身上佩带的珮环相互碰击发出的声音，心里十分高兴。砍倒竹子，开辟出一条道路（走过去），沿路走下去看见一个小潭，潭水格外清凉。"心乐之"是指心里十分高兴。"伐竹取道"是指砍倒竹子，开辟出一条道路。上下句的逻辑记忆关系就是：听到美妙的流水声，心里十分高兴，想知道哪里发出的声音，就砍倒了竹子，开辟出一条道路。这样我们记清了"心乐之"的下一句是"伐竹取道"。

用逻辑关系梳理上下句的记忆关系需要对句子内容进行深度理解，其实这也是我们日常学习中的必备功课。不过，用逻辑关系解决上下句的记忆问题相对有点抽象，所以，对于记忆法学习者来说，我们还可以用第二种记忆方法——关键词联结记忆法。

二、关键词联结记忆法

关键词联结记忆法是指通过上下句的关键词创造关系进行联结记忆。

举例1：河面很宽，白茫茫的水上没有一点波浪。船平静地在水面流动。

上一句提取关键词"波浪"，下一句提取关键词"船"。

联结记忆：想象"波浪打翻了船"。

记忆解析：背到"白茫茫的水上没有一点波浪"联想到"波浪打翻了船"，就能想起来下一句是跟"船"有关系，再根据句子基本的逻辑关系推出下一句是"船平静地在水面流动"。

举例2：古诗《鹿柴》，作者：王维，第一句"空山不见人，但闻人语响"。

题目《鹿柴》中取关键词"鹿"，第一句的第一个关键词"空山"。

联结记忆：想象"鹿全跑到了空山里"。

记忆解析：提到"鹿柴"就能联想到"鹿全跑到了空山里"，就能想起来第一句跟"空山"有关系，再根据第一句的基本意思推理出第一句就是"空山不见人"。

举例3：

感时花溅泪，恨别鸟惊心。

烽火连三月，家书抵万金。

上一句提取关键词"鸟"，下一句提取关键词"烽火"。

联结记忆：想象"鸟飞到了烽火台上"。

记忆解析：背到"恨别鸟惊心"时联想到"鸟飞到了烽火台上"，就能想起来下一句跟"烽火"有关系，再根据句子基本的逻辑关系推理出下一句是"烽火连三月"。

其实，在大脑回忆的过程中，只要出现上下句的记忆内容连贯不起来的情况，不管是古诗、课文，还是文言文，甚至是学科概念，我们都可以用逻辑关系记忆法或关键词联结记忆法来解决。所以，只要善于思考，敢于联想和想象，搞清楚大脑记不住或遗忘的原因，在学习中任何记忆问题都可以通过科学的记忆方法迎刃而解。你的记忆力超乎你的想象。

第四章
记忆学科中的文字信息

用原来一半的时间记忆一篇课文

1000年前，能够记住和背诵一篇文章是再常见不过的事情了，人们很容易将日常事务装进大脑，可以自如应用记忆。今天我们把大部分记忆都交给了可以携带、方便随时搜索的数码设备这些"外脑"了，对电子产品的依赖越来越严重，记忆在生活中的作用逐渐被这种过度依赖所削弱。

牛津大学顶尖神经学家苏珊·格林菲尔德长期以来一直关注电脑和互联网对人类大脑所造成的危害，通过深入研究，她发现过度使用智能手机和社交网络会将人们带入一种"永远无法令人满足的数字现实"中，同时这一现象也使人的记忆发生减退，使人的社交能力萎缩，甚至最终使大脑退化。经常用脑的人到了六七十岁，思维仍像中年人那样灵敏；反之，那些青年时期就不愿意动脑的人，大脑会加速老化。

死记硬背这种记忆方式有着几千年的悠久历史。在传统教育中，记忆是教学的主要目的，背诵是学习的一种基本方法。书读百遍，其义自见。古代文人崇尚"读书破万卷，下笔如有神"。古时候的小孩子熟读唐诗三百首，不会作诗也会吟。但在当今社会，死记硬背似乎已经成为人们眼中最低效、最笨拙、最机械的记忆方式。

在大多数人的心中"死记硬背"是个贬义词，但谁也无法否认，无论科学家、商界名流或是你我，许多知识都是依靠死记硬背积累起来的，并在反复死记硬背的过程中把知识学以致用。比如，我们最初学习数学时，就是靠死记硬背知道一加一等于二的，然后在以后的计算中灵活运用。如果先通过抽象的证明来弄懂为什么一加一等于二，再具体运用，会出现什么结果呢？很难想象。所以，虽然我们不提倡死记硬背，但必要时还是要有意识地去朗读和背诵。

科学家发现，单纯的朗读和背诵能够在大脑的深层留下记忆，当大脑的神经回路集中在某一事物上时，其他刺激就不能传达到大脑皮层，这就是神经传递抑制。当我们进行单纯的朗读和背诵时，除听觉之外的视觉、触觉、嗅觉、时间、空间等都被不同程度地抑制了。此时，记忆通过大脑的浅层侧头叶，传达到海马体进一步开启深层记忆，也就是超记忆回路。这些记忆日后很可能变成出色的灵感、直觉或创造力。古时候，孩子很小就开始背诵四书五经等启蒙书籍，他们对书中的内容往往是一知半解，甚至完全不能理解，只是背诵。然而，这种教育方式在某些方面也符合了人脑的发育过程。

其实，不管是哪一种记忆方法都离不开阅读。阅读永远都是记忆的第一步。但是，我们不能只单纯地依靠声音刺激来辅助大脑记忆。因为，阅读式的记忆过程比较枯燥和无聊，学习者很难坚持。我们要把记忆法和传统阅读式的记忆方式结合起来。

一篇课文就像一幅巨大的拼图，它涵盖了三个基本组成要素：词语、句子和段落。词语联结成句子，句子联结成段落，段落联结成文章。三者环环相扣，密不可分。词语就像砖块一样，可以盖出不同的房子；不同的房子排列在一起，可以组成不同的小区；不同的小区在一起又组合成不同的城镇。我们要想快速记忆课文中的句子就要谨记一条重要原则：90%靠理解，10%靠记忆。也就是说识记课文句子要以理解为主，记忆为辅。

记忆课文中的句子有三个基本步骤：

第一步，通读句子内容，建立听觉回忆线索，刺激身体肌肉记忆。

第二步，锁定句子中的关键词，并通过逻辑或非逻辑关系联结成句子。

第三步，个别难记的词语重点编码，并及时复习句子内容。

举例：微风过处，送来缕缕清香，仿佛远处高楼上渺茫的歌声似的。

首先锁定关键词：风、清香、高楼、歌声。一般形容词不是关键词。原文中"风"可以推出"微风"，"清香"推出"缕缕清香"，"高楼"推出"远处的高楼"，"歌声"推出"渺茫的歌声"。

接着是根据关键词的顺序梳理逻辑关系。这句话的逻辑关系是：什么样的风，送来什么东西，像什么地方的什么东西。有了逻辑关系，我们就可以顺理成章地记住"微风过处，送来缕缕清香，仿佛远处高楼上渺茫的歌声似的"。关键词就像糖葫芦上的山楂球，而逻辑关系就是竹签，有了竹签就可以把山楂球穿起来变成美味可口的糖葫芦。

最后一步是阅读，并通过联想和想象复习文字所描述的关系和画面。

课文中的句子有三种常见的结构：并列关系式、逻辑推理式和混合关系式。

一、并列关系式

针对并列式的课文句子，最常用的记忆方法是：连锁构图法和字头串联法。

举例1：不必说碧绿的菜畦，光滑的石井栏，高大的皂荚树，紫红的桑葚。

关键词：菜畦、石井栏、皂荚树、桑葚

结构分析：并列式课文句子中的关键词（形象词）之间一般很难看出明显的逻辑关系，类似于随机中文词语，而且顺序不能乱。所以，一般采用连锁构图法，就是把关键词根据句子基本的逻辑关系联结起来，并联想成大脑容易理解的记忆画面。

连锁构图：想象"面前是一片（碧绿的）菜畦，菜畦中间围着一圈（光滑的）石井栏，石井栏右侧长着一棵（高大的）皂荚树，皂荚树下结满了（紫红的）桑葚。

记忆解析：我们把四个关键词（事物）联结在一起的同时，给了它们具体的位置。面前——菜畦，菜畦中间——石井栏，石井栏右侧——皂荚树，皂荚树下——桑葚。我们的大脑会根据刚才联想的记忆画面，以及这四个事物位置变化的顺序，轻轻松松记住这句话。而且，不需要过度重复阅读，更不需要依靠熟练度一气呵成地背出来。记忆的过程非常简单，而且深刻。所以，有画面感的课文句子，一定要有位置的变化。而位置变化的顺序就是我们的记忆顺序，也是回忆顺序。

举例 2：它负责、慈爱、勇敢、辛苦，因为它有了一群鸡雏。

关键词：负责、慈爱、勇敢、辛苦、鸡雏

结构分析：并列式课文句子中的关键词（抽象词）之间逻辑关系不明显。针对抽象的关键词，我们一般多采用字头串联法来记忆。什么是字头串联法？比如，出门必须要带的四件东西有身份证、手机、钥匙和钱包，我们可以把每个词的第一个汉字连起来：身手钥钱，联想成"伸手要钱"，这样就记住了。上面的这句话其实我们只要记住"负责、慈爱、勇敢、辛苦"这四个关键词就可以了。因为"鸡雏"属于形象词又在句子最后，看到就基本上记住了。大脑有最基本的机能记忆能力，不是什么都记不住。

提取字头：负慈勇辛

对音对字：父（负）亲很慈爱，却永（勇）远在辛苦地工作。

二、逻辑推理式

推理式的课文句子最常用的记忆技巧是：关键词逻辑推理法。

举例1：那血脉亲情，如同生命的火种，必将一代一代传下去。

关键词：血脉亲情、生命火种、一代一代

结构分析：三个关键词是通过"如同、必将"两个过渡词联结成一句话的。逻辑关系是：什么东西如同什么，必将怎样传下去。即"那血脉亲情，如同生命的火种，必将一代一代传下去"。

举例2：月光如流水一般，静静地泻在这一片叶子与花上。

关键词：月光、流水、泻、叶子、花

结构分析：关键词通过"如、泻、与"三个"词"联结成一句话。在记忆写景状物的课文句子时，一定要注意记忆画面中位置的变化顺序。这句话的逻辑关系是：什么东西如什么，怎样泻在什么上。即"月光如流水一般，静静地泻在这一片叶子与花上"。

三、混合关系式

混合式关系的课文句子最常用的记忆方法是：综合记忆法。

举例1：风起云涌，潮涨潮落，奇花异木，高山深谷……大自然像一位魔术师，它的杰作，常常令人惊叹与震撼。

关键词：风起云涌、潮涨潮落、奇花异木、高山深谷、大自然、魔术师、杰作、惊叹、震撼结构分析：前半部分是并列式的句子结构，后半部分是逻辑推理的句子结构。"风起云涌，潮涨潮落，奇花异木，高山深谷"可以用连锁构图法来记忆，想象画面"天上风起云涌，海上潮涨潮落，岸边奇花异木，远处高山深谷"，通过"天上、海上、岸边、远处"四个位置的变化顺序记住这四个关键词。"大自然像一位魔术师，它的杰作，常常令人惊叹与震撼"这部分属于推理结构，逻辑关系是：什么东西像什么，它的什么东西，令人怎么样。想象画面"大自然中站着一个魔术师，他的杰作（魔术表演），常常令人（观众）惊叹与震撼。"而这里的"大自然"指的就是"风起云涌，潮涨潮落，奇花异木，高山深谷"的自然风光。这样，这句长长的句子也就记住了。

举例2：古老的济南，城内那么狭窄，城外又那么宽敞，山坡上卧着些小村庄，小村庄的房顶上卧着点儿雪，对，这是张小水墨画，也许是唐代的名手画的吧。

关键词：济南、城内、城外、山坡、小村庄、房顶、雪、水墨画、名手

结构分析：整句话讲的是济南的冬天，讲的是一座城市，是具体的事物。所以，这句话一定有画面感，有画面感的课文句子一定有位置的变化。课文句子中位置变化的顺序，就是我们大脑记忆的顺序。比如，这句话可以在大脑中联想成"你走进一座古老的城市（古老的济南），城内是围起来的，非常狭窄（城里那么狭窄），城外没有任何围栏，非常宽敞（城外又那么宽敞），城门口的山坡上有些小村庄（山坡上卧着些小村庄），远远看到小村庄的房顶上有一点雪（小村庄的房顶上卧着点雪），最后你看着这么美丽的景色感慨，对，眼前的景色简直就是一幅小水墨画（对，这是张小水墨画），也许是唐代著名的大画家画的吧

(也许是唐代的名手画的吧)"，这样，长长的句子就记住了。

通过上面的训练，相信大家已经知道"90%靠理解，10%靠记忆"的真正含义了。逻辑关系是记忆课文句子的核心原则和内在的定位系统。没有逻辑关系就没有句子，没有句子就没有段落，没有段落就没有文章。逻辑关系就像高楼大厦中的钢筋结构，如果没有它，记忆的大厦随时可能倒塌。

用记忆法记课文有三个基本步骤：顺嘴、顺脑、顺心。

1. 顺嘴——通过阅读对课文内容进行基本理解，让嘴巴形成肌肉记忆。

2. 顺脑——用大脑喜欢或感兴趣的方式牢固记忆课文内容。

3. 顺心——及时复习，通过阅读和回顾记忆关系，加深对课文内容的熟练度。

举例：记忆课文《长城》。

长城

远看长城，它像一条长龙，在崇山峻岭之间蜿蜒盘旋。从东头的山海关到西头的嘉峪关，有一万三千多里。

从北京出发，不过一百多里就来到长城脚下。这一段长城修筑在八达岭上，高大坚固，是用巨大的条石和城砖筑成的。城墙顶上铺着方砖，十分平整，像很宽的马路，五六匹马可以并行。城墙外沿有两米多高的成排的垛子，垛子上有方形的瞭望口和射口，供瞭望和射击用。城墙顶上，每隔三百多米就有一座方形的城台，是屯兵的堡垒。打仗的时候，城台之间可以互相呼应。

站在长城上，踏着脚下的方砖，扶着墙上的条石，很自然地想起古代修筑长城的劳动人民来。单看这数不清的条石，一块有两三千斤重。

那时候没有火车、汽车，没有起重机，就靠着无数的肩膀无数的手，一步一步地抬上这陡峭的山岭。多少劳动人民的血汗和智慧，才凝结成这前不见头、后不见尾的万里长城。

这样气魄雄伟的工程，在世界历史上是一个伟大的奇迹。

这篇课文一共有四个段落，我们在记忆之前需要先对整篇课文通读1~2遍，并在读的过程中注意梳理上下段落，甚至上下句之间的逻辑关系。比如，第一段讲的是长城的远貌；第二段讲的是长城的外部特征及作用；第三段讲的是万里长城是如何修建的；第四段讲的是长城在世界历史上的影响力。

在阅读课文的过程中，千万不要把每个段落当成独立的思想来阅读，而是要梳理上下段之间的逻辑关系。而这里所指的逻辑关系其实就是作者的写作思路，也就是写这篇文章的基本逻辑。这四个段落之间的基本逻辑关系就是：先讲长城的全貌，然后重点写长城的外部特征及作用，再写如此宏伟的工程是如何修建的，最后阐述长城的世界影响力。这就是四个段落之间的逻辑关系，也是我们的记忆关系。通过这条记忆关系，就可以把上下段联结起来，这样就不会在背诵时想不起来下一段是什么了。**根据记忆关系"顺藤摸瓜"是记忆课文的核心技巧之一。**

需要提醒大家的是：记课文不是记文字。可能有的同学会问："不记文字，记什么？"文字不是用来记的，文字所表达的关系和画面才是我们真正要去记的。因为，作者是把自己看到的、想到的、感悟到的东西，用文字的方式记录下来写成了一篇文章。而我们应该从作者的视角出发，在大脑中或纸面上还原作者的所见、所闻、所感。这些才是我们真正要去记的，而不只是所谓的课文中的"文字"。

第四章
记忆学科中的文字信息

第一自然段:

远看长城,它像一条长龙,在崇山峻岭之间蜿蜒盘旋。从东头的山海关到西头的嘉峪关,有一万三千多里。

第一句的关键词是"长城、长龙、崇山峻岭、蜿蜒盘旋"。其中的逻辑关系是:远看长城,像什么,在什么之间蜿蜒盘旋。

第二句的关键词是"东头、山海关、西头、嘉峪关、一万三千多里"。逻辑关系是:从东头的什么地方到西头的什么地方,有多长。

第一句和第二句的逻辑关系是:长城在哪里,有多长。

在记忆有画面感的课文和句子时,一定要联想和想象出作者所描述的具体画面。因为作者一般是先看到画面,然后才写出相关的文章。一定要注意的是:有画面感的课文和句子一定有位置的变化,位置变化的顺序就是大脑图像记忆的顺序。接下来,我们分析一下第一段内容位置变化的顺序:长城(崇山峻岭)→东头(山海关)→西头(嘉峪关)。分析完毕后,我们可以在大脑中联想或在纸面上画出这样一幅记忆画面(如图4-2):

图4-2 《长城》第一自然段记忆地图

第二自然段:

从北京出发,不过一百多里就来到长城脚下。这一段长城修筑在八达岭上，高大坚固，是用巨大的条石和城砖筑成的。城墙顶上铺着方砖，十分平整，像很宽的马路，五六匹马可以并行。城墙外沿有两米多高的成排的垛子，垛子上有方形的瞭望口和射口，供瞭望和射击用。城墙顶上，每隔三百多米就有一座方形的城台，是屯兵的堡垒。打仗的时候，城台之间可以互相呼应。

第二段有六句话，我们一句一句来分析其中的关键词和逻辑关系。

第一句的关键词是"北京、出发、一百多里、长城脚下"。逻辑关系是：从哪里出发，走了多少里到了哪里。

第二句的关键词是"长城、八达岭、高大坚固、条石、城砖"。逻辑关系是：长城修筑在哪里，有什么特点，是用哪两样东西修筑而成的。

第三句话的关键词是"城墙顶上、方砖、平整、宽的、马路、马、并行"。逻辑关系是：城墙顶上铺着什么，怎么样，像什么，宽到什么程度。

第四句话的关键词是"城墙外沿、两米、成排的、垛子、方形的、瞭望口、射口、瞭望、射击"。逻辑关系是：城墙外沿有什么样的垛子，垛子上有什么样的瞭望台和射口，这些东西有什么用。

第五句话的关键词是"城墙顶上、三百多米、方形的、城台、屯兵、堡垒"。逻辑关系是：城墙顶上，每隔多少米，有一座什么形状的什么东西，是用来做什么的。

第六句话的关键词是"打仗、城台、相互呼应"。逻辑关系是：打仗的时候，什么之间可以做什么。

第二段中的六句话主要讲了长城的外部特征以及作用，整体的逻辑关系是：在哪里，看到什么样的长城，上面的路是什么样的，城墙外沿的垛子是做什么用的，城墙顶上的城台有什么作用，打仗时可以做什么。这条逻辑关系其实也是我们背诵这段内容时上下句的记忆关系。接下来，我们分析一下第二段内容位置变化的顺序：长城脚下→八达岭→城墙顶上（路）→城墙外沿（垛子）→城墙顶上（城台）。搞清楚了作者文字描写的位置变化顺序，我们就可以在大脑中联想或在纸面上画出这样一幅记忆画面（如图4-3）：

图4-3　《长城》第二自然段记忆地图

第三自然段：

站在长城上，踏着脚下的方砖，扶着墙上的条石，很自然地想起古代修筑长城的劳动人民来。单看这数不清的条石，一块有两三千斤重。那时候没有火车、汽车，没有起重机，就靠着无数的肩膀无数的手，一步一步地抬上这陡峭的山岭。多少劳动人民的血汗和智慧，才凝结成这前不见头、后不见尾的万里长城。

第一句话的关键词是"长城、脚下、方砖、墙上、条石、古代、修筑长城、劳动人民"。逻辑关系是：站在哪里，脚踏着哪里，手扶着哪里，脑袋里想起了做什么的人。这句话的位置变化顺序是：脚、手、脑袋，从下到上。

第二句话的关键词是"数不清的、条石、两三千斤、重"。逻辑关系是：有多少条石，一块有多重。

第三句话的关键词是"火车、汽车、起重机、无数的、肩膀、手、一步一步、陡峭的、山岭"。逻辑关系是：因为一块条石有两三千斤重，古代没有哪三种装卸设备，只能靠哪两样东西，怎么抬，抬到哪里去。

第四句话的关键词是"劳动人民、血汗、智慧、凝结、前不见头、后不见尾、万里长城"。逻辑关系是：劳动人民的什么和什么，凝结成什么样的万里长城。

第三段中的四句话主要讲了古代的劳动人民是如何修筑长城的，整体的逻辑关系是：站在长城上，在做什么，想到了修筑长城的什么人，他们用什么东西修筑的长城，那时候没有哪些现代装卸设备，这些人是如何搬运东西的，最后作者感慨修筑万里长城的艰辛。接下来，我们分析一下这段内容位置变化的顺序：长城上→条石→山岭→万里长城。下面，我们可以在大脑中联想或在纸面上画出这样一幅记忆画面（如图4-4）：

图4-4 《长城》第三自然段记忆地图

第四自然段：

这样气魄雄伟的工程，在世界历史上是一个伟大的奇迹。

这句话中的关键词是"气魄雄伟、工程、世界历史、伟大、奇迹"。逻辑关系是：什么样的工程，在世界历史上有什么样的地位或影响力。然后，我们把在记忆第一段文字时所联想或画出来的记忆图像，再联想

第四章
记忆学科中的文字信息

或看一遍,就可以前后呼应,记住了第四段的这句话。

最后,就是把课文中四个段落的逻辑关系串起来(如图4-5,先讲长城的全貌,然后重点写长城的外部特征及作用,再写如何修造如此宏伟的工程,最后阐述长城的世界影响力),还原作者的所见、所闻、所感,并根据作者所描述的逻辑关系和画面记住整篇课文。当然,还要记得及时复习,加强阅读,用来提高记忆的熟练度和深刻度。

图4-5 《长城》完整记忆地图

下面,我们来总结一下用记忆法背课文的具体步骤:

第一步,通读整篇课文,并标记出难记的位置。

第二步,逐段提取关键词,梳理上下句的逻辑关系,并联想或画出相应的记忆画面。

第三步,把课文段落之间的逻辑关系联结起来。

第四步，刻意复习，阅读理解，巩固熟练度。

在第一次尝试背诵时，难免会有个别字词或句子想不起来。这时候不要气馁，反而应该高兴。因为只有发现了记忆过程中的"漏洞"，才能找到问题、解决问题。如果只是个别字词想不起来，就把这些字词圈出来进行编码记忆；如果是下一句想不起来，就用逻辑推理法或关键词联结法解决上下句联结的问题。有了方法，就没有解决不了的记忆问题。

大家谨记：真正的学习在行动之后。也许大家现在已经明白了记课文的基本步骤，但这并不意味着已经完全掌握了这套记忆的理论和方法，只有在真正的学科实践中，才能由浅入深地真正学会这套方法。其实，学习记忆法就像学习骑自行车，必须自己亲自骑在车子上，才能真正驾驭它。

奔跑吧，脑细胞！用原来一半的时间记住一篇课文。

用逻辑画图法 5 分钟记忆一首长古诗

古诗是中国古代诗歌的一种体裁，又称古体诗或古风，是产生于唐代以前并和唐代新出现的近体诗（又名今体诗）相对的一种诗歌体裁。古诗有具体的字数和诗行，五字一句的称五言古诗，七字一句的称七言古诗。五言古诗，是古诗的正统，写的人很多。七言古诗，因为起源较晚，不是古诗的主流。

汉字的形象性使古诗也富于形象性。比如，美国诗人庞德认为，汉字的"春"就是"太阳抵伏在草木茁壮的树枝之下"。因此，由汉字组成的诗句，就像一幅幅生动的图画，使读者能摆脱语言、语法而直接进入诗人描绘的境界。学习与背诵古诗不只是为了应付考试，我们可以在学习中分享诗词之美，感受诗词之趣，从古人的智慧和情怀中汲取营养，涵养心灵。

不管学习古诗出于哪一种目的，都离不开阅读和记忆。在过去，诗人们没有相机，没有手机，也没有微信，更没有办法晒朋友圈，看到壮美的山河景色，唯有寄情山水，吟诗作赋，方可抒发感情。所以，大家要明确一个事实：任何一首古诗都有画面感，都有着浓厚的感情色彩。

举例1： 唐代诗人柳宗元的古诗作品《江雪》。

江雪
［唐］柳宗元

千山鸟飞绝，万径人踪灭。

孤舟蓑笠翁，独钓寒江雪。

原文注释：

千山万岭看不见飞鸟的踪影，千路万径不见行人的足迹。

孤舟上有位披蓑戴笠的渔翁，独自在漫天的风雪中垂钓。

作品赏析：

这是一首押仄韵的五言绝句，是柳宗元的代表作之一，大约作于他谪居永州（今湖南零陵）期间。柳宗元被贬到永州之后，精神上受到很大刺激和压抑，于是，他就借描写山水景物，借歌咏隐居在山水之间的渔翁，来寄托自己清高而孤傲的情感，抒发自己在政治上失意的郁闷苦恼。因此，柳宗元笔下的山水诗有一个显著的特点，那就是把客观境界写得比较幽僻，诗人的主观心情也显得比较孤寂，甚至有时不免过于孤独，过于冷清，不带一点儿人间烟火气。这显然同他一生的遭遇和他整个思想感情的发展变化是分不开的。

我们的大脑可以根据诗句的描述联想到古诗的意境。所以，对于相对短小和简单的古诗常采用"意境构图法"来记忆，也就是把作者所描述的古诗的意境在大脑中联想出来。在联想的过程中，要注意画面中位置的变化顺序。大脑构图的路径一般是按照从左到右，或从上到下的顺序去构图。因为，这种路径整体趋向于顺时针，大脑回忆时会更加流畅。其意境如图4-6。

图4-6 《江雪》意境图

举例2：诗仙李白的古诗作品《早发白帝城》。

早发白帝城

[唐]李白

朝辞白帝彩云间，千里江陵一日还。

两岸猿声啼不住，轻舟已过万重山。

第四章
记忆学科中的文字信息

原文注释：

清晨告别白云之间的白帝城，千里外的江陵一日就能到达。

江两岸的猿在不停地啼叫着，轻快的小舟已驶过万重青山。

作品赏析：

唐肃宗乾元二年（公元759年）春天，李白因永王璘案，流放夜郎，取道四川赴贬地。行至白帝城，忽闻赦书，惊喜交加，旋即放舟东下江陵，故诗题一作"下江陵"。此诗抒写了当时喜悦畅快的心情。全诗给人一种锋棱挺拔、空灵飞动之感。然而只赏其气势之豪爽，笔姿之骏利，尚不能得其圜中。全诗洋溢的是诗人经过艰难岁月之后突然迸发的一种激情，故雄峻迅疾中，又有豪情欢悦。快船快意，使人神远。其意境如图4-7。

图4-7 《早发白帝城》意境图

在用意境构图法记忆古诗时，一定要注意古诗题目、作者，以及与第一句之间的对应关系。之前我们提到过，随着记忆的古诗篇目越来越多，有时候会把古诗、作者，以及第一句之间的对应关系弄混或想不起，造成不必要的麻烦。所以，在记忆古诗的过程中一定要把它们联结起来，辅助大脑记忆。

举例 1：

题目：《江雪》

作者：柳宗元

首句：千山鸟飞绝，万径人踪灭。

联结记忆：江边有一棵柳树，上面挂满了雪，雪被风吹到了一千座山上。

"江边"对应题目——《江雪》。

"柳树"对应作者——柳宗元。

"千山"对应首句——首句中的关键词。

举例 2：

题目：《早发白帝城》

作者：李白

首句：朝辞白帝彩云间，千里江陵一日还。

联结记忆：早晨从白帝城出来一个白胡子老头，他住在白帝城的彩云上。

"白帝城"对应题目——《早发白帝城》。

"白胡子"对应作者——李白。

"彩云"对应首句——首句中的关键词。

以上就是记清古诗题目、作者，以及第一句三者之间对应关系的核心技巧。

其实，别看有些古诗很短小，总有同学记起来非常费劲和苦恼。究其原因，我们发现很多同学在背诵古诗时习惯性地只记"文字"，而不

第四章
记忆学科中的文字信息

是理解古诗，去记忆古诗中表达的具体的关系和画面。所以，在记忆古诗的过程中，一定要以作者的视角去理解古诗，这样才能更好地记忆古诗，学好古诗，体验古诗中的韵味。

在日常学习中，会遇到长短不同的古诗。对于大脑来说，长古诗也可以采用意境构图法去记忆。不过，有时候由于诗句过多，联想的记忆关系和画面容易中断。所以，针对长一些的古诗，建议大家使用"逻辑画图法"。

逻辑画图法是指把需要背诵的古诗、诗句间的逻辑关系，以及诗句中描述的画面，在纸上画出来用以辅助记忆的一种方法。逻辑画图法又叫"逻辑涂鸦法"，它不需要美术功底，任何绘画零基础的人都可以学会，是一种相对自由的涂鸦记忆法。使用逻辑画图法记忆古诗的好处在于，大脑能够看到整个记忆和理解的过程，位置变化明显，复习时也非常高效，不需要重新联想。虽然一开始可能需要花费 3～5 分钟去画图，但这些付出是值得的，因为这能使我们的记忆更加牢固。

举例 1： 唐代诗人杜甫的古诗《春望》。

春望
［唐］杜甫

国破山河在，城春草木深。
感时花溅泪，恨别鸟惊心。
烽火连三月，家书抵万金。
白头搔更短，浑欲不胜簪。

原文注释：

国家沦陷只有山河依旧，春日的城区里荒草丛生。
忧心伤感见花开却流泪，别离家人鸟鸣令我心悸。
战火硝烟三月不曾停息，家人书信珍贵能值万金。
愁闷心烦只有搔首而已，致使白发稀疏插不上簪。

作品赏析：

《春望》是唐代大诗人杜甫创作的一首诗。此诗前四句写春日长安凄惨破败的景象，饱含着兴衰感慨；后四句写诗人挂念亲人、心系国事的情怀，充溢着凄苦哀思。全诗格律严整，颔联分别以"感时花溅泪"应首联国破之叹，以"恨别鸟惊心"应颈联思家之忧，尾联则强调忧思之深导致发白而稀疏，对仗精巧，声情悲壮，充分表现出诗人的爱国之情。

第一句：国破山河在，城春草木深。如图4－8。

图4－8 《春望》第一句记忆地图

涂鸦解析："国破"用破烂的旗子代表，"山河"画几座山代表，"城春"画成一个院子里开着花，"草木深"画成长得高高的野草。

第二句：感时花溅泪，恨别鸟惊心。如图4－9。

图4-9　《春望》第二句记忆地图

涂鸦解析:"感时"是指为国家的时局而感伤,画一个伤感流泪的人。"花溅泪"是指看到花开都会流泪,直接画一朵花正在大哭、流泪。"恨别"指别离的家人,画一个人背着东西离开。"鸟惊心"是指鸟的叫声都让人心悸,画一只鸟和一颗心就可以表示。

第三句:烽火连三月,家书抵万金。 如图4-10。

图4-10　《春望》第三句记忆地图

涂鸦解析:"烽火"用一个烽火台表示。"连三月"是指战争打了三个月都不曾停息,为了记清楚是"三月",可以画三个月亮。"家书"画一封信。"抵万金"直接在信的后面画一个"=",然后画一堆金子。

第四句:白头搔更短,浑欲不胜簪。 如图4-11。

涂鸦解析:"白头"用一个白头发的老人表示。"搔更短"画出这个老人心烦地用手不停地挠头。"浑欲"是指"简直要",意思比较抽象,可以想象这个人"昏昏欲睡",对音对字"浑欲"这两个字。"不胜簪"画一个簪子夹在耳朵上表示,因为头发太少,插不上。

图4-11 《春望》第四句记忆地图

以上就是逻辑画图法记忆古诗的分解步骤。其实,在用逻辑画图法真正记忆古诗的过程中,是直接把这些图像按照一定的构图路径组合在一起的。组合的方式和意境构图的原则一致,那就是从左到右,或从上到下。在涂鸦记忆的过程中,不要忘记把古诗的题目和作者也融入图像里。如图4-12所示。

图4-12 《春望》完整记忆地图

有了这幅"记忆地图",不想记住这首古诗都困难。

举例2: 汉乐府诗《长歌行》。

长歌行

[汉] 乐府诗

青青园中葵,朝露待日晞。

阳春布德泽,万物生光辉。

常恐秋节至,焜黄华叶衰。

百川东到海,何时复西归?

少壮不努力,老大徒伤悲。

原文注释:

园中的葵菜都郁郁葱葱,晶莹的朝露阳光下飞升。

春天把希望洒满了大地,万物都呈现出一派繁荣。

常恐那肃杀的秋天来到,树叶儿黄落百草也凋零。

百川奔腾向东流到大海,何时才能重新返回西境?

年少时如果不及时努力,到老来只能是悔恨一生。

作品赏析:

《长歌行》是一首中国古典诗歌,属于汉乐府诗,是劝诫世人惜时奋进的名篇。此诗从整体构思来看,主要是说时节变换得很快,光阴一去不返,因而劝人们要珍惜少年时代,发奋努力,使自己有所作为。全诗以景寄情,由情入理,将"少壮不努力,老大徒伤悲"的人生哲理,寄寓于朝露易干、秋来叶落、百川东去等鲜明形象中,发出了时光易逝、生命短暂的感叹,鼓励人们紧紧抓住随时间飞逝的生命,奋发努力,趁少壮年华有所作为。其情感基调是积极向上的,其主旨体现在结尾两句,但诗人的思想又不是简单地表述出来,而是从现实世界中撷取出富有美感的具体形象,寓教于审美之中。

第一句:青青园中葵,朝露待日晞。 如图 4-13。

图 4-13 《长歌行》第一句记忆地图

涂鸦解析:"青青园"用"一堆草"来代表。"葵"在原文中指的是葵菜,但对于大脑来说葵菜相对比较陌生,画面感较弱,所以,可以用对音对字的方法把"葵菜"编码成"向日葵",让大脑容易对应声音,也能记得准"葵"字。"朝露"要有具体的位置,可以画在向日葵的叶子上。"待日"可以画一颗太阳表示。另外,"晞"字比较抽象,没有画面感,可以把它对音对字联想成了"吸管"。所以,我们可以看到朝露上插着一根吸管。

第二句:阳春布德泽,万物生光辉。 如图 4-14。

图 4-14 《长歌行》第二句记忆地图

第四章
记忆学科中的文字信息

涂鸦解析:"阳春"是指露水和阳光都充足的时候,好理解,但不好记,可以对音对字将其编码成"阳春面"。"布"是布施、给予的意思,和前面的"阳春"组合起来,就是"阳春面放在一块布上"。"德泽"是恩惠的意思,"布德泽"就可以联想成"布的下面有一片沼泽"。整个画面就是阳春面放在一块布上,布的下面是一片沼泽。

第三句:常恐秋节至,焜黄华叶衰。如图4-15。

图4-15 《长歌行》第三句记忆地图

涂鸦解析:"常恐"是指"时常担心",可以把"常恐"对音对字编码成"长脖子的恐龙"。"秋节至"可以在恐龙脚下画一堆秋天的落叶来表示。"焜黄华叶衰"形容树叶儿黄落百草也凋零,可以画一些枯黄的杂草和花朵来表示。

第四句:百川东到海,何时复西归?如图4-16。

图4-16 《长歌行》第四句记忆地图

涂鸦解析："百川东到海"可以画许许多多的河流奔腾入海。"何时复西归"可以画一个站在船上思考什么时候向西走（回家）的人。

第五句：少壮不努力，老大徒伤悲。如图4-17。

图4-17 《长歌行》第五句记忆地图

涂鸦："少壮不努力"可以画一个年轻人正在打游戏。"老大徒伤悲"可以画一个老年人痛哭的样子。中间画一个"VS"的对比符号。

这样我们就得到了《长歌行》这首诗的"记忆地图"。如图4-18。

图4-18 《长歌行》完整记忆地图

第四章
记忆学科中的文字信息

这就是逻辑画图法，只要我们对古诗内容稍加理解，再通过大胆的联想和想象，每个人都可以涂鸦出属于自己的"记忆地图"。

古诗是古人抒发内心情感的出口，是表达自我的一种方式，富有中华文明特有的美感。它们或铿锵，或婉转，风格各异，皆耐人寻味。多记诵古诗，相当于在大脑中建一个宝库，为我们储备一生受用不尽的智慧与修养。有些诗句我们可能不太理解其中的意境，但总有一天，总有一处风景，总有一种心情会让我们觉得，只有用那一句古诗才能形容。

所以，在学习古诗的过程中，我们一定要做到记忆和理解并行。

用对音对字法牢记文言文

《三国演义》中有这样一个故事：张松去许都求见曹操，曹操见张松矮小，相貌丑陋，便有意冷落他，边洗脚边接见，张松憋了一肚子气。第二天，曹操派杨修拿自己新著的兵书《孟德新书》给张松看，想借此炫耀自己的才华。谁料，张松看了一遍后笑曰："此书吾蜀中三尺小童，亦能暗诵，何为新书？此是战国无名氏所作。"杨修当然不信，这可是千真万确的曹操原创啊。张松说："如不信，我试诵之。"遂将《孟德新书》从头至尾背诵一遍，竟无一字差错。杨修大惊，就去告知曹操。曹操非常诧异地说："莫非古人和我想的都一样？"曹操认为自己的书没有新意，就让人把书烧了。而事实是曹操上了张松的当，原来张松有惊人的记忆力，只看了一遍《孟德新书》就背了下来。张松用自己的最强大脑，好好地将骄傲自负的曹操羞辱了一番。

其实，要想把一整本书背下来并非易事。但，也未必不可能。姬老师在 2009 年时就用记忆法在 5 天内记下一整部《道德经》（81 篇文章），而且《道德经》通篇都是文言文。可能有的同学会非常好奇地问："文言文那么难记，是怎么记住的？难道脑门大，就比我们聪明吗？"当然不是脑门大就一定聪明。而是，一定要找对方法。因为，方法不对，努力白费。

许多同学一提到文言文就头疼，更别说背诵了。相信没有哪位同学，一听说要背诵 3 篇文言文会高兴得一夜难眠，难过得一夜难眠倒是完全有可能。文言文可以说是中文体系中最难记的一种语言结构。在文言文中，几乎通篇都是"关键词"，古人用极简的语言风格来记叙、说明或议论。

文言文之所以难记，是因为在文言文中经常有一些生僻的字词，或拗口的句子。虽然通过注释能看懂每句话的意思，但是要想还原成原文的句子却很困难。因为，有时候理解和记忆是不同步的。我们常见的记忆问题是上一句和下一句连贯不起来，记忆的轨道断了，回忆时记忆的小火车就会"脱轨"。反过来讲，只要我们能解决生僻字词、拗口句子等记忆问题，以及上下句的联结问题，记忆文言文也就没那么困难了。

接下来，我们就来看一下"对音对字法"对记忆文言文的重要性。在记忆文言文的过程中，那些生僻的字词、拗口的句子，相当于铁轨上的缺口。如果铁轨上有缺口，那么记忆的小火车就会有危险。如果把这些缺口修复好，填补上，那么记忆的铁轨就会很流畅、很安全。而"对音对字法"就是解决文言文中生僻字词和拗口句子记忆问题的最有效方法之一。

忽逢桃花林，夹岸数百步。

夹岸——两岸。

第四章
记忆学科中的文字信息

对音对字："夹岸"联想成"夹子上岸"。

想象：夹子上岸跑了数百步。

庆历四年春，滕子京谪守巴陵郡。

谪守——因罪而被降职或流放，出任外官或守边。

对音对字："谪守"联想成"折手"。

想象：滕子京的手骨折了，在巴陵郡。

少焉，月出于东山之上，徘徊于斗牛之间。

少焉——少刻，一会儿。

对音对字："少焉"联想成"少烟，少了一根烟"。

想象：少了一根烟，这根烟跑到月亮上，月出于东山之上。

予观夫巴陵胜状，在洞庭一湖。

予观夫——我看那。

对音对字："予观夫"联想成"鱼官服"。

想象：鱼穿着官服在观看巴陵胜状。

要特别提醒大家一点，在记忆文言文中的生僻字词或拗口的句子时，"对音对字法"只是帮助我们记住课文内容，对于文章的理解还是要依靠课上认真听讲，课下认真复习才行。因为，能用记忆法记住一整篇文言文，并不代表能完全理解这篇文言文的全部意思。

接下来，我们看一下用记忆法背诵文言文的基本步骤。

第一步，通读原文2~3遍，并在阅读过程中圈出生僻字词和拗口的句子。

第二步，阅读全文注释，并尝试用自己的话讲出文章中的主要内容。

第三步，对生僻字词和拗口的句子进行编码（对音对字）。

第四步，梳理上下句之间的逻辑关系，把原文内容联想或涂鸦成记忆地图。

举例1：《桃花源记》节选，作者：[东晋]陶渊明。

林尽水源，便得一山，山有小口，仿佛若有光。便舍船，从口入。初极狭，才通人。复行数十步，豁然开朗。土地平旷，屋舍俨然，有良田美池桑竹之属。阡陌交通，鸡犬相闻。其中往来种作，男女衣着，悉如外人。黄发垂髫，并怡然自乐。

原文注释：

桃林的尽头就是溪水的发源地，于是便出现一座山，山上有个小洞口，洞里仿佛有点光亮。于是他下了船，从洞口进去了。起初洞口很狭窄，仅容一人通过。又走了几十步，突然变得开阔明亮了。（呈现在他眼前的是）一片平坦宽广的土地，一排排整齐的房舍。还有肥沃的田地，美丽的池沼，桑树竹林之类的。田间小路交错相通，鸡鸣狗叫到处可以听到。人们在田野里来来往往耕种劳作，男女的穿戴，跟桃花源以外的世人完全一样。老人和小孩们个个都安适愉快，自得其乐。

为什么阅读完全文注释后，要尝试用自己的话讲出文章中主要内容呢？因为，如果用自己的话都讲不出文章中的主要内容，怎么可能记住和理解那么拗口的文言文呢？而且，如果能用自己的话讲出文章的大概内容，说明我们已经对整篇文章有了基本的理解，记忆的逻辑能够连起来。所以，这一步虽然看起来无关痛痒，但对于记住整篇文章至关重要。

下面，我们找出这段文言文中比较生僻的字词或拗口的句子。

第四章
记忆学科中的文字信息

初极狭，才通人。

初极狭——刚开始非常狭窄。

对音对字："初极狭"联想成"出去几个大侠"。

复行数十步，豁然开朗。

复行——又走了。

对音对字："复行"联想成"用腹部贴着地行走"。

想象：用腹部贴着地行走了数十步。

土地平旷，屋舍俨然，有良田美池桑竹之属。

平旷——平整；俨然——整齐；之属——之类。

对音对字："平旷"联想成"一瓶矿泉水"；"俨然"联想成"眼睛燃烧"；"之属"联想成"一只老鼠"。

想象：土地上摆着一瓶矿泉水，旁边的屋舍里有只眼睛在燃烧，屋舍的旁边有一片良田，良田上有美池，还种着桑竹，桑竹下趴着一只老鼠。

阡陌交通，鸡犬相闻。

阡陌——田间小路。

对音对字："阡陌"联想成"一千瓶墨水"。

想象：一千瓶墨水放在交通干道上。

男女衣着，悉如外人。

悉——全部。

对音对字："悉"联想成"西服"。

想象：这里的人都穿着西服，和外面的人一样。

黄发垂髫，并怡然自乐。

垂髫——小孩，怡然——愉快高兴的样子。

对音对字："垂髫"联想成"垂着一条腰带"，"怡然"联想成"一桶燃料"。

想象：黄发上垂着一条腰带，他们抱着一桶燃料自得其乐。

接下来，梳理一下整段内容八句话之间的逻辑关系。

第一句，作者到了桃林尽头，看到一个奇怪的山洞。

第二句，作者非常好奇，进入山洞。

第三句，进入山洞后刚开始的感受。

第四句，从山洞里走出来后心情豁然开朗。

第五句，出来后看到了土地和房屋，以及房屋周边的东西。

第六句，走在田间小路上可以听到什么声音。

第七句，田间地头来来往往的年轻人，他们的衣着打扮如何。

第八句，这里的老人和小孩生活得如何。

最后，我们把这段内容所表达的逻辑关系、描述的画面，以及对音对字所联想的图像，在纸上画出来，涂鸦成一幅记忆地图，用来辅助大脑进行图像记忆。如图4-19。

图4-19 《桃花源记》节选完整记忆地图

第四章
记忆学科中的文字信息

举例2：《爱莲说》，作者：[宋]周敦颐。

水陆草木之花，可爱者甚蕃。晋陶渊明独爱菊。自李唐来，世人甚爱牡丹。予独爱莲之出淤泥而不染，濯清涟而不妖，中通外直，不蔓不枝，香远益清，亭亭净植，可远观而不可亵玩焉。

予谓菊，花之隐逸者也；牡丹，花之富贵者也；莲，花之君子者也。噫！菊之爱，陶后鲜有闻。莲之爱，同予者何人？牡丹之爱，宜乎众矣！

原文注释：

水上、陆地上的各种花草树木，值得喜爱的非常多。东晋陶渊明唯独喜爱菊花。从唐朝以来世间的人们非常喜爱牡丹。而我唯独喜爱莲花，它从淤泥中长出来，却不沾染污秽，在清水里洗涤过但是不显得妖媚，它的茎中间贯通，外形挺直，不生枝蔓，不长枝节，香气远播，更加清香，笔直、洁净地立在那里，可以远远地观赏但是不能玩弄它。

我认为，菊花是花中的隐士；牡丹，是花中的富贵者；莲花，是花中的君子。唉！对于菊花的喜爱，在陶渊明以后很少听到了。对于莲花的喜爱，和我一样的还有谁？对于牡丹的喜爱，当然有很多人了。

下面，我们找出这段文言文中比较生僻的字词或拗口的句子。

水陆草木之花，可爱者甚蕃。

蕃——多。

对音对字："蕃"联想成"饭"。

想象：可爱的人吃了很多饭。

濯清涟而不妖。

濯清涟——在清水里洗涤。

对音对字："濯清涟"联想成"桌青莲"。

想象：桌子上有一棵青莲用清水洗了，也不会变成妖怪。

香远益清，亭亭净植。

香远益清，亭亭净植——香气远播，更加清香，笔直、洁净地立在那里。

对音对字："益清"联想成"一清晨"，"亭亭"联想成"亭亭玉立的姑娘"。

想象：香气飘向远方，飘了一清晨，飘到一个亭亭玉立的姑娘家，她安静地站在院子里。

可远观而不可亵玩焉。

亵玩——玩弄。

对音对字："亵玩"联想成"蟹玩"。

想象：不可以和螃蟹靠近、玩耍。

陶后鲜有闻。

陶后鲜有闻——在陶渊明以后很少听到了。

对音对字："陶"联想成"桃子"，"闻"联想成"蚊子"。

想象：桃树后面的鲜花上有一群蚊子。

宜乎众矣。

宜乎众矣——当然有很多人了。

对音对字："宜乎"联想成"一呼"，"众"联想成"大众"。

想象：一呼喊大众就聚集在一起。

接下来，梳理一下整篇文章句子之间的逻辑关系。

第一段的逻辑关系：先讲了陆地上有很多种值得喜爱的植物，然后

第四章
记忆学科中的文字信息

讲到东晋陶渊明喜爱什么花，从唐朝以来人们又喜爱什么花。说完陶渊明和唐朝人，开始讲自己喜爱什么花，并从它的生长环境、外形和特点上说明自己为什么喜爱它。

第二段的逻辑关系：承上启下把三种花放在一起进行对比。首先作者把三种花（菊花、牡丹、莲花）都进行了拟人化的比喻。然后，又对喜爱这三种花的人的数量进行了交代。

在记忆文言文的过程中，尤其偏说理或议论的文言文，一定要注意前后之间的逻辑关系。这样才能理解原文，同时辅助大脑记忆。因为逻辑是贯穿整篇文章的记忆链条，是记忆的小火车畅通行驶的铁轨。

比如，"予独爱莲之出淤泥而不染，濯清涟而不妖，中通外直，不蔓不枝，香远益清，亭亭净植，可远观而不可亵玩焉。"作者在描写莲花的过程中，并非文字的随意堆砌，而是有基本的写作思路。"予独爱莲之出淤泥而不染，濯清涟而不妖"这句讲的是作者喜爱莲花的原因。"中通外直，不蔓不枝，香远益清，亭亭净植"这部分讲的是莲花的外部特征，而且是从局部到整体的描写过程，从荷叶的茎（中通外直，不蔓不枝），到莲花（香远益清），再到整体（亭亭净植）。讲完莲花的外部特征，后面讲的是我们应该如何对待它（可远观而不可亵玩焉）。这样整句话的写作逻辑，也是记忆的逻辑，就联结起来了。记住这句原文就容易多了。

最后，我们把这段内容所表达的逻辑关系、描述的画面，以及对音对字所联想的图像，在纸上画出来，涂鸦成一幅记忆地图，用来辅助大脑进行图像记忆。如图4-20。

图4-20 《爱莲说》完整记忆地图

要想高效地记忆文言文,就一定要用好"对音对字记忆法",把那些生僻字词和拗口的句子进行编码,联想成大脑能理解的关系和画面。再结合对原文的阅读和理解,记忆文言文肯定可以做到事半功倍、游刃有余。

为什么单词记完就忘

熟词记忆法

字母编码法

语境记忆法

导图记忆法

附：记忆大师必备的《单词密码本》

第五章

记忆学科中的英语单词

为什么单词记完就忘

　　一个完整的英语单词是由音（拼读）、形（拼写）、义（含义）三个部分组成的。很多同学靠重复拼读的方式机械式地记忆陌生的英语单词，所以，在回忆单词的拼写时，必须先回忆起单词的拼读，然后才能根据单词的拼读判断对应的字母。因此，只要单词的拼读没记住，单词就100%拼写不出来。而且，即使拼读记住了，回忆字母的拼写时，也未必能够轻松地做到完全正确。毕竟英语单词的拼读不是汉语拼音，没有办法一对一精准对应。

图 5-1

　　其实，英语单词并非由字母随意堆砌而成的，而是由有意义的词根

第五章
记忆学科中的英语单词

（stem）、前缀（prefix）、后缀（suffix）组成的。一般来说，词根决定单词的意思，前缀改变单词的意思，后缀决定单词的词性。例如：dislike（不喜欢），dis（否定）+like（喜欢）；candle（蜡烛），cand（发光的）+le（微小的）。对于母语是英语的人来说，词根词缀法是最常用的记忆方法，而我们的母语并非英语，如果词汇量少，又没有词根词缀基础的话，这个方法几乎无从下手。而且，想要记住一堆常用的词根词缀本身就是个大难题，因为词根词缀本身也是抽象的字母组合，对于我们的大脑来说它们和英语单词并无差别。那应该怎么办呢？

在讲到具体的记忆方法之前，我们需要先搞明白为什么大部分同学讨厌记单词。通过采访大量的同学，我们总结出以下几个原因：

1. 不懂音标，不了解单词的拼读规律。
2. 单词的拼读对于大脑来说很抽象，不好记。
3. 会拼读的单词，却不会拼写。
4. 记过的单词，看到拼写想不起来中文意思。
5. 记忆过程太枯燥、无聊，甚至头疼。

条条大路通罗马。既然通过重复拼读的机械方式不容易记住单词，那我们就从形（拼写）和义（含义）出发，看看能否找到突破口，这样我们就可以在拼读记忆的基础上增加更多记忆陌生英语单词的方法。需要特别强调的一点是：记忆单词的读音几乎是没有任何捷径的，只能靠大量且重复的阅读才能记得住。所以，不管用哪种方法记单词都不能脱离拼读练习。

接下来，我们通过一组随机长字母的记忆挑战，来讲解一下用记忆法记单词的核心原理。

licarkenstmentsmtion

这是一组由20个字母组成的随机"长单词"，没有拼读规律，也没有中文意思。如果想用拼读的方式去记忆，几乎是不可能的。字母这么长，又没有拼读规律，那怎么记呢？不要着急，透露给大家一个记单词的口诀——"以熟记新"，就是把陌生的字母组合，分解成大脑熟悉（已知）的字母组合。

比如，在上面这组随机字母中，"car"是"小汽车"的意思，"ment"和"tion"是单词中常见的组合。我们可以根据"ment"和"tion"的基本发音，对音对字联想成"ment = 馒头"和"tion = 神"。这样这组陌生的随机长字母就编码如下：

li car ken st ment sm tion
　　小汽车　　　　馒头　　神

我们用"以熟记新"的思路一分解，再看这组随机字母就好记多了。但是，剩下的 li、kenst、sm 都不是单词怎么办？接下来，再透露给大家另外一个非常重要的思路——"不要把字母当成字母去记"，要通过联想和想象把陌生的字母组合编码成熟悉的概念或图像。

例如，把"li"看作拼音组合，联想成"li = 李，李白"；"ken"联想成"ken = 啃"；"st"和"sm"既不是单词，又不是正常的拼音，怎么办呢？我们可以采用拼音字头的方式进行编码，比如根据拼音的首字母，可以把"st"联想成"石头"。那么，"sm"按照同样的编码原理可以联想成"沙漠"。

这组随机长字母整体编码如下：

li car ken st ment sm tion
李白　小汽车　啃　石头　馒头　沙漠　神

第五章
记忆学科中的英语单词

通过刚才一系列的分解和编码，这组陌生的长字母就变成大脑既熟悉，又能理解的组合了。接下来，只需要按顺序把这些字母编码后的图像联结成一个记忆的整体，在大脑中联想和想象其中的关系和画面，就可以记住它们了。比如，我们可以想象"李（li）白开着小汽车（car），啃（ken）着石头（st）和馒头（ment）来到沙漠（sm），发现一个饿晕的神（tion）仙。"根据这个记忆画面，大脑就可以轻轻松松把这组随机长字母按顺序一个不差地记住了。现在，可以用手遮住上面的字母，尝试在下面空白的横线中写出来。

现在是不是觉得很神奇？只要按照刚才的思路去记忆，就能够轻松记住，写得出来。这是因为，我们的大脑既能够理解和记忆随机长字母的整个步骤和过程，同时又能根据记忆的画面按顺序还原出所有的随机字母。这就是我们提到过的重要概念——"顺脑"，即按照大脑喜欢的方式去记忆。而且，即使倒着写（倒背），也可以做得到，一点也不困难。

接下来，我们就来讲解几个非常实用的单词记忆方法。

叫醒你的脑细胞，继续燃烧吧！

熟词记忆法

熟词记忆法就是借助陌生单词中所包含的已知单词（完整单词、近似单词）来帮助记忆的一种方法。该方法适用于记忆合成词与类合成词。

合成词是指由两个或以上的短单词构成的英文单词。而且，短单词和中文意思之间有一定的逻辑关联性。比如，classmate（同学），可以分解成"class（班级）"+"mate（伙伴）"，班级里的伙伴就是同学。"class（班级）"和"mate（伙伴）"与"classmate（同学）"有明显且直接的逻辑关联性。

类合成词也是由两个或以上的短单词构成的英文单词。但是，短单词和中文意思之间没有逻辑上的关联性。比如，tenant（房客），可以分解成"ten（十）"+"ant（蚂蚁）"。而"ten（十）"和"ant（蚂蚁）"与"tenant（房客）"没有逻辑上的关联性。我们看不出"ten（十）"与"ant（蚂蚁）"组合在一起为什么能代表"房客"的意思。这就是类合成词。

熟词记忆法的使用步骤：

第一步，拼读陌生单词 3~5 遍。

第二步，把陌生单词分解并编码成熟悉的短单词。

第三步，通过联想和想象把短单词和中文意思联结成记忆画面。

第四步，刻意复习，并加强拼读练习。

记忆案例解析：

cargo [ˈkɑːɡəʊ] *n.* 货物

编码：car（小汽车）+ go（去）

联结：开着小汽车去拉货物。

kidnap [ˈkɪdnæp] *v.* 绑架

编码：kid（小孩）+ nap（打盹）

联结：小孩打盹时被坏人绑架了。

第五章
记忆学科中的英语单词

manage [ˈmænɪdʒ] *v.* 管理

编码：man（男人）+ age（年龄）

联结：这个男人年龄已经很大了，在管理一家大公司。

hatred [ˈheɪtrɪd] *n.* 仇恨

编码：hat（帽子）+ red（红色）

联结：帽子仇恨红色，因为它不喜欢这个颜色。

season [ˈsiːzn] *n.* 季节

编码：sea（海洋）+ son（儿子）

联结：海洋里有个儿子，每个季节都来旅游。

forget [fəˈget] *v.* 忘记

编码：for（为了）+ get（得到）

联结：为了得到新的，需要忘记旧的。

innocent [ˈɪnəsnt] *adj.* 无罪的

编码：in（里面）+ no（不）+ cent（分）

联结：口袋里没有一分钱的人是无罪的。

mushroom [ˈmʌʃrʊm] *n.* 蘑菇

编码：mush（玉米粥）+ room（房间）

联结：蘑菇把玉米粥端进房间里。

capacity [kəˈpæsɪti] *n.* 容量

编码：cap（帽子）+ a（一座）+ city（城市）

联结：帽子的容量很大，可以装下一座城市。

assassinate [əˈsæsɪneɪt] *v.* 暗杀

编码：ass（驴）+ ass（驴）+ in（里面）+ ate（吃）

联结：两头驴在草棚里吃草时被暗杀了。

在用记忆法背诵英语单词的过程中，一定要把拆分出来的短单词或字母编码和中文意思之间创建牢固的联结关系。比如，"cargo（货物）"拆分为"car（小汽车）+ go（去）"，我们不能把它联想成"cargo（货物）是由car（小汽车）和go（去）两个单词组成的"，这种所谓的联结关系非常模糊，起不到牢固记忆的作用，而是要像"开着小汽车去拉货物"一样去联结。这样的记忆关系既有推导性，又有画面感，更有利于大脑视觉化记忆。

熟词记忆法需要有一定的单词量。如果是刚开始接触英语学习或者英语基础比较弱，不妨先学习接下来的记忆方法累积词汇量，以备不时之需。

字母编码法

字母编码法是将单词中（除已知单词外）常出现的字母组合提前进行编码，牢记在大脑中，以此来辅助记忆单词的一种方法。该方法适用于记忆所有英语单词。

字母编码的方式有四种：

1. 象形编码法。例如：a = 蜗牛，b = 大肚子，c = 月亮，co = 月饼。
2. 拼音编码法。例如：ba = 爸，ce = 厕（所），ke = 客（人）。
3. 字头编码法。例如：th = 太后，nd = 牛顿，st = 石头，cr = 超人。
4. 特定编码法。例如：et = 外星人，com = 公司，ment = 馒头。

更多的字母编码法，请参照本章末尾的《单词密码本》。

第五章
记忆学科中的英语单词

字母编码法的使用步骤：

第一步，拼读陌生单词3~5遍。

第二步，把陌生单词分解并编码成熟悉的字母编码。

第三步，通过联想和想象把字母编码和中文意思联结成记忆画面。

第四步，刻意复习，并加强拼读练习。

记忆案例解析：

moth [mɒθ] *n.* 飞蛾

编码：mo（魔法）+ th（太后）

联结：飞蛾用魔法把自己变成了太后。

mask [mɑːsk] *n.* 面具

编码：ma（马）+ sk（烧烤）

联结：马戴着面具吃烧烤。

doubt [daʊt] *v.* 怀疑

编码：dou（都）+ bt（鼻涕）

联结：我们都怀疑他感冒了在流鼻涕。

wobble ['wɒbl] *v.* 摇摆

编码：wo（我）+ bb（宝宝）+ le（乐）

联结：我看到一个可爱的宝宝在快乐地摇摆。

appear [ə'pɪə] *v.* 出现

编码：app（手机应用）+ ear（耳朵）

联结：手机应用里出现了一款关于耳朵的软件。

bamboo [bæmˈbuː] *n.* 竹子

编码：ba（爸）+ m（麦当劳）+ boo（600）

联结：爸爸在麦当劳吃了 600 根竹子。

language [ˈlæŋgwɪdʒ] *n.* 语言

编码：langua（烂瓜）+ ge（哥）

联结：卖烂瓜的哥哥不懂任何语言。

change [tʃeɪndʒ] *v.* 改变

编码：chang'e（嫦娥）

联结：嫦娥改变了对猪八戒的看法。

gene [dʒiːn] *n.* 基因

编码：gen（跟）+ e（鹅）

联结：他竟然跟鹅的基因一样。

chocolate [ˈtʃɒklət] *n.* 巧克力

编码：ch（彩虹）+ oco（象形：脸）+ late（迟到）

联结：彩虹脸的同学又迟到了，要不要罚他吃巧克力？

虽然字母编码法可以用来记忆任何一个英语单词，但并不意味着每个单词都要用字母编码法去记。因为，根据单词拼读或字母组合规律的不同，有的单词可能适合用熟词记忆法，有的可能适合用其他的记忆法。另外，要想用字母编码法高效背单词，还必须把记忆大师必备的《单词密码本》像《数字密码本》一样背到滚瓜烂熟才可以。只有这样，在记忆陌生单词时，才能做到拆分速度更快，联结更便捷。所以，学习记忆法不仅基础要牢固，还要学会活学活用，这样才能把方法做到融会贯通。

第五章
记忆学科中的英语单词

语境记忆法

语境记忆法是指借助单词所在句子的语境（画面）来辅助记忆的一种方法。单词所在句子的语境相当于大脑中的记忆挂钩，是非常实用的回忆线索。就像有时候我们一时想不起某事或某物，却突然由于某件事、某个场景、某段对话的触发，又会莫名其妙地想起来一样。

语境记忆法的使用步骤：

第一步，拼读陌生单词3~5遍。

第二步，把陌生单词分解并编码成熟悉的字母编码。

第三步，通过联想和想象把记忆画面定位在句子的语境中。

第四步，刻意复习，并加强拼读练习。

记忆案例解析：

He is crazy about football.（他对足球很着迷。）

语境：踢足球。

crazy [ˈkreɪzɪ] *adj.* 疯狂的

编码：cr（超人）+ a（一只）+ zy（章鱼）

联结：超人和一只章鱼疯狂地爱上了踢足球。

Let's get together for lunch.（让我们一起吃顿午餐吧。）

语境：吃午餐。

together [təˈgeðə] *adv.* 一起

编码：to（去）+ get（得到）+ her（她）

联结：去得到她的允许，和她一起吃午餐。

Last week I went to the theatre.（上周我去剧院看戏。）

语境：剧院看戏。

theatre [ˈθɪətə] *n.* 剧院

编码：th（太后）+ eat（吃）+ re（热）

联结：太后在剧院吃东西时，浑身发热。

A famous clock.（一个著名的大钟。）

语境：一个大钟。

famous [ˈfeɪməs] *adj.* 著名的

编码：fa（发现）+ mou（谋杀）+ s（蛇）

联结：发现有人在著名的大钟里谋杀了一条蛇。

The toilet is backed up.（厕所堵住了。）

语境：厕所堵了。

toilet [ˈtɔɪlət] *n.* 厕所

编码：to（去）+ i（蜡烛）+ let（让）

联结：去蜡烛家做客不让上厕所，因为厕所堵了。

The hotel is a haven of peace and tranquility.（这家旅馆是一处安宁的去处。）

语境：住旅馆。

haven [ˈheɪvn] *n.* 避难所

编码：have（有）+ n（门）

联结：这家旅馆就是我的避难所，因为它有很多扇门。

The director was not available for comment.（经理抽不出时间来做出评论。）

语境：经理很忙。

第五章
记忆学科中的英语单词

comment [ˈkɒment] *n.* 评论

编码：com（公司）+ ment（馒头）

联结：经理很忙，他正在公司评论馒头的味道。

You <u>mentioned</u> in your letter that you might be moving abroad.（你在信中谈到你可能要移居国外。）

语境：读信或移民国外。

mention [ˈmenʃn] *v.* 提到

编码：men（门）+ tion（神）

联结：写信时经常提到门神的故事。

I went into a dog's <u>kennel</u>. 我也到过狗窝。

语境：去狗窝。

kennel [ˈkenl] *n.* 狗窝

编码：ken（啃）+ n（门）+ el（饿了）

联结：我在狗窝里发现一只狗在啃门，因为它饿了。

The train was about to leave and I was not even on the <u>platform</u>.（火车就快开了，可我还没到站台。）

语境：火车快开了。

platform [ˈplætfɔːm] *n.* 站台

编码：plat（小块地）+ form（表格）

联结：我研究站台旁小块地上的表格，差点误了火车。

语境记忆法的关键步骤在于把单词所在句子的"语境"作为记忆挂钩，然后把单词拆分，和联想到的记忆画面定位到语境中去。在读课文或做阅读理解时，如果遇到陌生的单词，就可以用语境记忆法来辅助大脑进行图像化记忆。

导图记忆法

思维导图是一种可视化的学习与思考工具，它又被形象地称为"思维地图"或"思维笔记"。在《给孩子的8堂思维导图课》一书中曾重点讲解这一工具在三大主科（语、数、英）中的应用技巧。世界大脑先生、思维导图的发明人东尼·博赞教授曾说："如果学习是一次作战，那么记忆术就相当于士兵手中先进的作战武器，而思维导图就相当于卓越指挥官的军事战略思想与作战方案，二者合二为一，将战无不胜。"足见记忆法结合思维导图后的强大之处。接下来，我们就一点点揭开"如何用思维导图记单词"的神秘面纱！

图 5-2　如何学好英语
英国思维导图管理师张雷霞老师绘制

思维导图有两个非常重要的视觉特点：

第一，图文并茂。

第二，发散结构。

一幅完整的思维导图包括五个组成部分：

一、中心图

中心图是整幅思维导图中最大的图像，用来聚焦整幅思维导图的中心思想。

二、分支

中心图外围像树干一样的线条就是分支，用来视觉化呈现大脑发散思维的过程。

三、关键词

写在分支上的黑色词语就是关键词，关键词是分支上的"中心思想"。

四、关键图

除中心图外，思维导图中零散分布的小图像是关键图，用来辅助大脑进行图像记忆。

五、颜色

颜色是思维的"润滑剂"，用来缓解视觉疲劳，加深记忆的牢固性。

思维导图的核心原理是发散思维。发散思维是指由一个中心主题或关键词向多个角度思考的过程。例如，当提到"英语"这个关键词时，我们的大脑可能会通过发散思维联想到以下信息，如图5-3所示。

图 5-3 "英语"发散思维图

用思维导图"裂变"记单词有两种思路：

一、找相同字母

把相同字母组合的单词用思维导图归类在一起。

例如：ear（如图 5-4）

图 5-4 ear 思维导图记忆笔记

第五章
记忆学科中的英语单词

在用思维导图裂变记单词的过程中，主分支用来罗列英语单词，二级分支按照"以熟记新"的原则分解单词，最后在大脑中联结成记忆画面。既然是为了记住单词，在画思维导图的过程中一定要使用丰富且形象的关键图。例如，我们可以把二级分支上拆分出来的字母编码所对应的图像画成关键图，也可以把整个单词拆分联结的记忆画面画成关键图。

记忆案例解析：

bear [beə] *n.* 熊
编码：b（大肚子）+ ear（耳朵）
联结：大肚子的熊在掏耳朵。

tear [tɪə] *n.* 眼泪
编码：t（踢）+ ear（耳朵）
联结：用脚踢了耳朵一下，疼得直流眼泪。

fear [fɪə] *n.* 害怕
编码：f（拐杖）+ ear（耳朵）
联结：有人拿拐杖要敲我的耳朵，我心里非常害怕。

gear [gɪə] *n.* 齿轮
编码：g（数字"9"）+ ear（耳朵）
联结：有个人的脑袋上长了9个耳朵，像一个齿轮。

earache [ˈɪəreɪk] *n.* 耳痛
编码：ear（耳朵）+ ache（疼）
联结：耳痛时耳朵一定很疼。

earth [ɜːθ] *n.* 地球
编码：ear（耳朵）+ th（太后）
联想：地球的耳朵被太后咬伤了。

earring [ˈɪərɪŋ] *n.* 耳环

编码：ear（耳朵）+ ring（圆形）

联结：耳朵上圆形的东西是耳环。

earn [ɜːn] *v.* 赚

编码：ear（耳朵）+ n（门）

联结：用耳朵在门口表演节目，赚了很多钱。

用思维导图记单词就像渔民捕鱼，有时候可以起到"一网打尽"的记忆效果。

二、找关联单词

把与中心单词有关联的单词用思维导图归类在一起。

举例：animal [ˈænɪml] *n.* 动物，如图5-5所示。

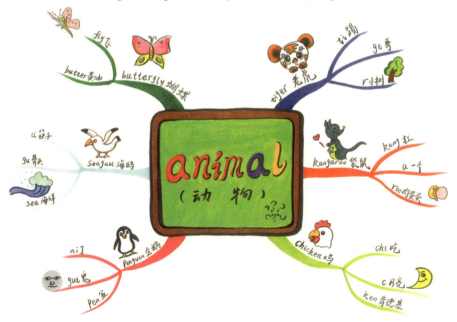

图5-5　animal思维导图记忆笔记

第五章
记忆学科中的英语单词

记忆案例解析：

tiger [ˈtaɪɡə] n. 老虎

编码：ti（踢）+ ge（哥）+ r（小树）

联结：<u>老虎</u>踢断了哥哥家的小树。

kangaroo [ˌkæŋɡəˈruː] n. 袋鼠

编码：kang（抗）+ a（一个）+ roo（肉蛋蛋）

联结：<u>袋鼠</u>扛着一个肉蛋蛋回家。

chicken [ˈtʃɪkɪn] n. 鸡

编码：chi（吃）+ c（月亮）+ ken（肯德基）

联结：<u>鸡</u>吃掉了月亮上的一家肯德基餐厅。

penguin [ˈpeŋɡwɪn] n. 企鹅

编码：pen（盆）+ gui（鬼）+ n（门）

联结：<u>企鹅</u>藏在盆里顺利通过了鬼门关。

seagull [ˈsiːɡʌl] n. 海鸥

编码：sea（海洋）+ gu（骨头）+ ll（筷子）

联结：<u>海鸥</u>拿骨头敲断了一双筷子。

butterfly [ˈbʌtəflaɪ] n. 蝴蝶

编码：butter（黄油）+ fly（飞）

联结：黄油上飞过一群<u>蝴蝶</u>。

实践证明，记忆法 + 思维导图，往往可以起到"一图抵千言"的神奇效果。随着记忆方法越学越多，许多同学在自己实践记忆的过程中也会遇到一些小小的疑惑。下面，就针对大家在用记忆法背单词的过程中遇到的一些常见问题逐一进行解答。

问：用记忆法背单词每个都要拆分岂不是很麻烦？

答：不是的。用记忆法背单词不是所有的单词都需要拆分。那些拼读和拼写都比较简单的单词，可能只需要读几遍就能记得住，就没有必要拆分记忆。那些拼读不好记，拼写也不好记的单词，一般需要拆分。其实，在把《单词密码本》背得滚瓜烂熟之后，拆分一点儿也不麻烦。真正的麻烦是"怕麻烦"和"记不住"，这两件事情才是最大的麻烦。不管怎样，记住才是硬道理。

问：拼写和中文意思通过记忆法都能记住了，拼读还是不会怎么办？

答：正如我们之前讲的，记忆法主要解决的是单词拼写和中文意思的对应问题，拼读对于大脑来说几乎是没有任何捷径的。要想记清楚单词的拼读，只能通过"刻意阅读"建立大脑和口腔的肌肉记忆。虽然记忆法不能直接解决单词拼读的问题，但是，如果我们可以将单词拼写出来，判断拼读就会容易很多。

问：记忆方法都懂了，但是拆分陌生单词的速度慢，怎么办？

答：拆分陌生单词的速度慢有两个原因：第一，《单词密码本》不熟练，对字母编码反应速度慢；第二，拆分单词练习得少，看到陌生单词不知道怎么拆。其实，凡事熟能生巧。正如我们学习广播体操一样，刚开始可能动作会比较僵硬，但是，随着练习的深入，动作就会越来越娴熟，直至成为无意识的身体反应。

问：为什么感觉有些单词用记忆法背，还没有死记硬背快？

答：是的，有些拼读和拼写比较简单的单词确实用死记硬背比用记忆法要快一些，可能只需要读几遍就能记得住，这些单词其实也没有必要用记忆法去背。不过，虽然有些单词用死记硬背的方法比用记忆法记得快，但是，记得快，忘得也快。记忆效率不只是看记忆速度，还要看记忆的牢固性和复习时的效率。所以，死记硬背一时的"快"不代表记忆有效率。

问：单词的中文意思总是记不住，怎么办？

答：记不住或想不起来单词的中文意思，一般是因为编码和中文意思之间的联结关系不够具体，记忆画面不够清晰。比如，tent（帐篷），编码：ten（十）+ t（伞）。如果联结的记忆画面是"十把伞放在帐篷旁"，虽然大脑也能记得住，但是画面感不够具体，也不够有视觉冲击力。如果改成"十把伞插在帐篷上"，联结关系会更加生动，画面也更有视觉冲击力，记忆牢固性自然更强。所以，要想中文意思记得牢，关系一定要"硬"，记忆的画面感要强。

问：用记忆法背的单词还是会忘，怎么办？

答：记忆法不能让我们"过目不忘"，所以，即使用记忆法背单词也要及时复习。同样是复习，死记硬背记的单词，复习起来枯燥、无聊。用记忆法背的单词则不然，记忆关系和画面生动有趣，复习起来也非常有趣。

附：记忆大师必备的《单词密码本》

象形编码

a 蜗牛	b 大肚子	c 月亮	d 棒球帽
e 眼睛	f 拐杖	g 蝌蚪	h 椅子
i 蜡烛	j 钩子	k 机关枪	l 木棒
m 麦当劳	n 门	o 足球	p 菜刀
q 气球	r 小树	s 蛇	t 伞
u 杯子	v 漏斗	w 皇冠	x 剪刀

（续）

y 弹弓	z 鸭子	co 月饼	es 眼镜蛇
on 球门	ege 大象	eve 猫头鹰	

拼音编码

an 安（全帽）	ba 爸（爸）	bo 伯（伯）	ce 厕（所）
ci 刺（猬）	de 德（国人）	di 弟（弟）	e 鹅
er 儿（子）	gu 骨（头）	ha 哈（巴狗）	ju 巨（人）
ke 客（人）	le 乐（高玩具）	li 李（白）	ma 马
mo 魔（术师）	ne 哪（吒）	ou 藕	pi 屁
po 婆（婆）	re 热	ri 日（本人）	su 苏（东坡）
si 死	se 色（拉）	te 特（务）	ti 踢
wa 娃（娃）	ye 爷（爷）		

字头编码

ab 阿宝	ad 阿呆	al 阿狸	ap 阿婆
br 病人	bt 鼻涕	ct 餐厅	cs 城市
cr 超人	ck 刺客	cl 成龙	ch 彩虹
dr 敌人	dy 带鱼	ex 恶心	fr 犯人
gr 工人	gl 公路	ht 核桃	hr 黑人
kn 柯南	kr 抗日	lt 老头	ly 老鹰
mb 面包	mp 名片	nt 牛头	nd 牛顿
pr 仆人	ps 爬山	py 朋友	pl 漂流
rt 软糖	ry 人鱼	rd 肉盾	st 石头
str 石头人	sm 沙漠	sp 薯片	th 太后
ob 藕饼	ty 太阳	xy 蜥蜴	

特定编码

ak（AK47 枪）	ant 蚂蚁	ass 驴	com 公司
con 林肯	et（ET 外星人）	ment 馒头	or 猿人
ous 藕丝	tion 神	tive 踢我	ve 五只鹅

5 秒记忆陌生人的名字

30 秒记忆一条手机号码

1 分钟记忆购物清单

用记忆宫殿牢记旅行事务

第六章

记忆生活中重要的琐事

5 秒记忆陌生人的名字

一位推销员要去拜访一个名字非常难念的客户。客户的名字叫岚彼得·帕尔玛·弗里莱斯，别人都因为他的名字太难记，只称呼他的绰号。这位推销员在拜访他之前，特别用心地念了几遍他的名字，并记了下来。当这位推销员对他说"早安，岚彼得·帕尔玛·弗里莱斯先生"时，岚彼得·帕尔玛·弗里莱斯惊呆了。过了一分钟，他都没有说话。最后，泪珠从他的双颊滚落下来。他说："先生，我在这个国家几十年了，从没有一个人试着用我真正的名字来称呼我。"

美国著名人际关系学大师戴尔·卡耐基曾说："一种既简单又重要的获取好感的方法，就是牢记别人的名字。"善于记住陌生人或新朋友的名字绝对是一种感情投资，在人际交往中会起到意想不到的效果。这种本领不仅可以帮助我们快速建立人际关系，留下良好的第一印象，更能帮助我们摆脱人际交往中"张冠李戴"的尴尬经历。记住别人的名字，而且下次见面时还可以轻松叫出来，等于给予对方一个巧妙而有效的赞美。

第六章
记忆生活中重要的琐事

一个人的名字对自己而言，是所有语言中最好的文字。每个人的内心深处，都渴望别人的在乎、关注和尊重。而关注、尊重他人很重要的一步，就是叫出他的名字。我们常有这样的感受：偶遇过去的同学或老师，对方还能一下子叫出自己的名字时，心中难免有几分窃喜，感到自己被人尊重，一种久违的亲切感穿越时空，温暖心田。我们在学校或社会中，要想成为受人尊敬和欢迎的人，就从现在开始用心记住别人的名字吧！或许，你也会收获意想不到的惊喜。

名字不仅仅是一种文字符号，更是一个人的形象"代言人"。在日常交际过程中，我们会遇到形形色色的人和各种各样的名字。有的名字可以一下子轻松记住，有的名字无论对方说几遍，总也记不住。为了避免不必要的麻烦和尴尬，我们完全有必要掌握一些陌生名字记忆的方法和技巧。

生活中比较容易记住的名字有以下几种：

1. 好理解的。例如：张美丽、马建国、李国庆、孙建军。
2. 比较短的。例如：胡瓜、李刚、袁帅、马峰、张雷。
3. 有谐音的。例如：范时刚（饭是钢）、杜子腾（肚子疼）。

反向推理，不好记住的名字有以下几种：

1. 不好理解的。例如：陈祁珍、李宝怡、董一卿、马瑞奇。
2. 名字较长的。例如：欧阳忠宏、诸葛建辉、司马耘昊。
3. 陌生拗口的。例如：亚历桑德拉、安德莉亚、贝亚特。

拿破仑三世（法国皇帝，拿破仑一世的侄子）曾自豪地说，尽管他日理万机，仍然能记住每一个参见过他的人的名字。他是怎样做到的呢？非常简单，如果没听清来人的姓名，他就说："请原谅，我还没完全听清楚你的名字。"如果名字特殊，他就问："你的名字怎么写？"谈话时，他总要几次提到谈话者的名字，努力把谈话者的名字同其本人的面部特征和整个外形特点联系起来。他一个人的时候，就先在纸上写出人名，把它记在心里，然后把纸丢掉，努力通过视觉和听觉记忆人名。可见拿破仑三世对人名的重视程度非同一般。

拿破仑三世是通过听、说、读、写的方法机械地记忆对方的名字。虽然也能记住，但这种方法比较消耗时间和精力。如何才能让陌生人的名字在大脑中留下深刻的"记忆烙印"呢？

其实，要想快速记住陌生人的名字，一定要有对陌生名字的解析力和娱乐精神。解析力是指通过快速理解或重新解析对方名字的含义辅助大脑记忆的一种方法。在解析一个陌生名字的时候，除了要有基本的理解能力外，最好再融入一些"娱乐精神"，毕竟有些人的名字虽然好理解，但是逻辑比较抽象。而娱乐精神可以让我们在理解的过程中把记忆关系变得更加生动、有趣。有时候，为了牢记一个非常重要的名字，可能还需要拿出一些"起外号"的本领，通过幽默感来"放大"对陌生名字的熟悉度。简单讲，就是把"名字"进行编码，通过联想和想象变成大脑中的"记忆标签"。

举例：请把下面这些姓名编码成"记忆标签"。

范卫——编码："饭胃"，把饭全吃到胃里。

姚民——编码："姚明"，一位篮球运动员。

毕妍——编码："鼻炎"，生病感冒得鼻炎。

丁石——编码："钉石"，钉在一块石头上。

陈琪——编码："沉旗"，特比沉重的旗子。

马德福——编码："马得服"，马上得到一件衣服。

赵一帆——编码："造一帆"，在家造了一条帆船。

张艺夫——编码："脏衣服"，穿着一件脏的衣服。

杨舒军——编码："杨树军"，杨树后面有群军人。

刘汉卿——编码："流汗青"，流的汗都是青色的。

当然，在现实生活中并不是所有人的名字都难记。如果觉得对方名字的寓意不好理解，发音又比较拗口，或者听起来比较抽象，就可以把这个名字通过联想和想象进行编码。虽然在编码记忆的过程中需要融入一些"娱乐元素"，但有时这些是有必要的，只是别用这种方式调侃别人就好。相比这种无伤大雅的"娱乐精神"，下次见面时叫不出对方的名字才是件尴尬的事情。

30 秒记忆一条手机号码

我们经常会弄混备忘录里的各种网络账号、密码，以及通讯录里一大堆的手机号码。当然，凡事皆有例外。有人可以几分钟内记住上百个随机组合的阿拉伯数字，而且可以做到正倒背如流；有人可以轻松记住大量的历史年代，头脑不会混乱；有人可以轻而易举地记住聚会上七八个人的电话号码，而且不会"张冠李戴"。其实，你完全不必羡慕他们。因为，这些你都可以做得到。

用记忆法背诵手机号码的步骤：

第一步，通读手机号码，建立"语感"。

第二步，分解出手机号码中熟悉的数字组合。（例如：数字编码、生日、门牌号等。）

第三步，把手机号码的所属人作为记忆挂钩，定位记忆所有的数字组合。

第四步，把记忆画面对照还原"翻译"成相应的手机号码。

注：手机号码目前开头数字统一是"1"，可忽略不计。

举例：请记住电影《复仇者联盟》中8个人物角色的手机号码。

钢 铁 侠 —— 189354311××

蜘 蛛 侠 —— 155609854××

绿 巨 人 —— 135200893××

黑 寡 妇 —— 158678079××

雷神托尔 —— 132406666××

奇异博士 —— 189902681××

美国队长 —— 133532023××

惊奇队长 —— 183201254××

注：为防止无意中泄露别人的手机号码，省略掉了手机号码的后两位。大家可以根据给出的方法记忆生活中的手机号。

记忆解析：

钢 铁 侠——189354311××

编码：89 白酒 +35 山虎 +43 石山 +11 筷子

联结：钢铁侠喝了白酒骑着山虎跑到石山上，发现石山上插满了筷子。

蜘 蛛 侠——155609854××

编码：55 火车 +60 榴莲 +98 酒吧 +54 武士

第六章
记忆生活中重要的琐事

联结：蜘蛛侠在火车上用榴莲打晕了酒吧里的武士。

绿巨人——135200893××

编码：35 山虎 + 2008（北京奥运会）+ 93 旧伞

联结：绿巨人骑着山虎参加2008年北京奥运会时捡了一把旧伞。

黑寡妇——158678079××

编码：58 尾巴 + 67 油漆 + 80 巴黎 + 79 气球

联结：黑寡妇把尾巴涂上红色的油漆，画了一座巴黎铁塔，还在上面拴上气球。

雷神托尔——132406666××

编码：32 扇儿 + 40 司令 + 66 蝌蚪 + 66 蝌蚪

联结：雷神托尔摇着扇儿给司令扇风，司令正在照顾两缸蝌蚪。

奇异博士——189902681××

编码：89 白酒 + 90 酒瓶 + 26 河流 + 81 白蚁

联结：奇异博士把白酒灌进酒瓶里，然后把酒瓶扔给河流上的一只大白蚁。

美国队长——133532023××

编码：33 蝴蝶 + 53 火山 + 20 香烟 + 23 乔丹

联结：美国队长站在蝴蝶背上飞进火山，火山喷发出香烟，香烟烫伤了乔丹。

惊奇队长——183201254××

编码：83 爬山虎 + 2012（世界末日）+ 54 武士

联结：惊奇队长被爬山虎缠住了，直到世界末日才被武士救出来。

其实，通过刚才 8 组的练习不难发现，只要熟悉《数字密码本》以及生活中常见的数字组合，记忆手机号码无非是把这些数字编码定位在"人物"身上的过程而已。只要想到某个人物，就可以根据在他身上定位的记忆画面回忆出相应的手机号码。比如，提到"钢铁侠"，就会想到"钢铁侠喝了白酒（89）骑着山虎（35）跑到石山（43）上，发现石山上插满了筷子（11）"，根据这个记忆画面我们就能回忆出钢铁侠的电话号码是：189354311××。

当然，并非通讯录中的每个手机号码都需要记住，我们只需要把那些重要的家人或朋友的手机号码记到大脑里以备不时之需就可以。

1 分钟记忆购物清单

我们都有过购物的经历。有的时候如果需要购买的商品比较多，就会在超市门口推一辆购物车。但是，大家有没有这样一种经历，辛辛苦苦把商品买回家后，突然发现忘了买某件东西。如果不是必需品，可以下次再买，但如果是必需品，就还需要再跑一趟超市。既累，又浪费时间。

有的同学会说，把去超市要买的东西全记到购物清单上不就可以了，在去收银台结算之前按照购物清单上记录的商品，清点一下数目就不会漏掉了。是的，这的确是一种聪明的做法。如果把要买的东西都记在购物清单上估计连 1 分钟都用不了，而且不会忘。但如何不用纸笔，只用大脑就能记住购物清单呢？时常练习记忆购物清单，会潜移默化锻炼我们大脑的联想和想象的能力，同时提高记忆的品质。

第六章
记忆生活中重要的琐事

可是问题来了,万一在超市购物时真的忘记了某件商品怎么办?"好记性不如烂笔头",当然是先把去超市需要买的商品按顺序记在购物清单里,然后再记住它们。来到超市后,先凭借自己的记忆去买商品,购买完毕后,在去收银台结算之前,拿出购物清单做一下对比,看看遗漏了哪一件商品,再去购买就可以了。通过这种好玩又有点挑战性的方式,把锻炼记忆方法的过程生活化。同时,又能在生活中去实践记忆法。

举例:请用记忆法按顺序记住表6-1的10件商品。

表6-1

1	牛奶	6	垃圾桶
2	香蕉	7	卫生纸
3	榴莲	8	水彩笔
4	西瓜	9	笔记本
5	拖把	10	计算器

用记忆法按顺序记住这10件商品的方式有很多,如联结记忆法、空间定位法等。这组练习我们用一个新的方法来记忆这10件商品,那就是数字定位法。数字定位法是把数字编码作为记忆挂钩定位记忆的一种方法。要想用数字定位法按顺序记住这10件商品,就需要先把1~10这10个数字按顺序联想成相应的数字编码,见表6-2。

表6-2

1-木棒	牛奶	6-哨子	垃圾桶
2-鸭子	香蕉	7-镰刀	卫生纸
3-耳朵	榴莲	8-花生	水彩笔
4-帆船	西瓜	9-勺子	笔记本
5-秤钩	拖把	10-棒球	计算器

接下来，通过联想和想象把 10 件商品按顺序定位在 10 个记忆挂钩上。

1（木棒）——木棒打翻了牛奶。

2（鸭子）——鸭子踩到香蕉皮滑倒了。

3（耳朵）——耳朵里塞进去一个榴莲。

4（帆船）——帆船被大西瓜压沉了。

5（秤钩）——秤钩上挂着一根拖把。

6（哨子）——哨子发出的声音震坏了垃圾桶。

7（镰刀）——镰刀割断了卫生纸。

8（花生）——花生堵在水彩笔里。

9（勺子）——勺子弄脏了笔记本。

10（棒球）——棒球砸坏了计算器。

通过上面 10 组定位，我们就可以按顺序记住这 10 件商品了。任意说出某个数字，都可以马上判断出是哪一件商品。而且，随意说出某一件商品，都能知道它是第几件。比如，当说到"7"这个数字时，我们的大脑会首先把"7"联想成"镰刀"这个数字编码，然后再根据"镰刀割断了卫生纸"的记忆画面，马上判断出第 7 件商品是卫生纸。再比如，当说到"西瓜"这件商品时，我们的大脑会根据"帆船被大西瓜压沉了"的记忆画面，判断出西瓜是第 4 件商品。这就是数字定位法，它可以让我们快速并准确地判断出记忆内容所在的位置，做到随取随用。如果要记忆 20 件商品，只需要把 1~20 的数字编码作为记忆挂钩来使用就可以了。

既然知道了如何记忆购物清单，大家就可以在下次购物时使用数字定位法先记住需要买的商品，然后挑战记忆"购物清单"。不过需要提醒大家的是，要想用好数字定位法，数字编码必须滚瓜烂熟。所以，大家一定记得把《数字密码本》烂熟于心。

拓展训练：记忆抽象图形

虽然图像信息是四大类学科记忆材料中记忆效率最高的，但凡事皆有例外，抽象图形就是图像信息中最难记的一种类型，有时甚至比数字和字母还要难记。因为它的名字里就自带"抽象"二字。既然抽象的图形不好记，那就要想办法把它们"化妆"成形象的图形，也就是对抽象图形进行编码，把它们联想成结构相近的图像。针对抽象图像最常用的方法是轮廓构图记忆法，即把需要记忆的抽象图形通过联想和想象编码成某个大脑容易理解和识别的图像来辅助记忆的一种方法。

例如，在"勇闯记忆岛"图像岛的测试中有这样一道题：请记住以下10个抽象图形的正确顺序，每对1个得1分，计时2分钟。

很多同学看到这个题目后脑袋一阵懵，心里想："这都是些什么图形，根本就看不懂，还要按顺序记住，太难了！"是的，如果没有好的记忆方法，确实不太容易记住。接下来，我们就用数字定位和轮廓构图法来记忆这些抽象图形的正确顺序。

记忆思路解析：

1（木棒）+ 抽象图1（轮廓构图：蝌蚪）
联结：木棒上爬满了小蝌蚪，它们在找妈妈。

2（鸭子）+ 抽象图 2（轮廓构图：篱笆）
联结：鸭子撞翻了篱笆逃走了。

3（耳朵）+ 抽象图 3（轮廓构图：奶嘴）
联结：耳朵里塞着一个奶嘴当耳塞。

4（帆船）+ 抽象图 4（轮廓构图：麦当劳）
联结：帆船上开了一家豪华的麦当劳餐厅。

5（秤钩）+ 抽象图 5（轮廓构图：龙）
联结：秤钩钩住了一条龙的小蛮腰。

6（哨子）+ 抽象图 6（轮廓构图：波浪）
联结：哨子丢进大海里掀起了波浪。

7（镰刀）+ 抽象图 7（轮廓构图：铠甲）
联结：镰刀划坏了铠甲。

8（花生）+ 抽象图 8（轮廓构图：金牌）
联结：花生镶嵌在金牌上。

9（勺子）+ 抽象图 9（轮廓构图：大厦）
联结：勺子压倒了大厦。

10（棒球）+ 抽象图 10（轮廓构图：太极图）
联结：棒球在草坪上画了一个太极图。

下面，请大家根据刚才数字定位的记忆画面标记出抽象图形的正确序号。

第六章
记忆生活中重要的琐事

其实这 10 个图像符号并非绝对的抽象图形，它们取自十二星座中的 10 个图像符号，感兴趣的同学可以查一下它们的对应关系。当然，如果对十二星座并不了解，这 10 个图像符号对你来说真的就是抽象图形了。想按顺序记住它们的序号，确实离不开数字定位和轮廓构图记忆法。

用记忆宫殿牢记旅行事务

学习与生活中有许多琐事，稍不留神就会遗漏。有时候，刚出门没多远，脑袋里就开始想"门有没有锁""试卷有没有带"……所以，我们在出门之前一定要养成"碎碎念"的好习惯。什么是"碎碎念"呢？

比如，出门必带四件套：身份证、手机、钥匙、钱包。我们可以把这四件物品的字头提取出来"身、手、钥、钱"，然后对音对字联想成"伸手要钱"。在每次出门之前，心中默念"伸手要钱"这句话，然后核对一下这四件物品，就可以安心出门了。实在怕记不住，就在门口贴一张"温馨提示"刻意提醒自己。

再比如，假期和家人去旅行，一路上可能要记住很多琐事：在车站坐哪趟车，需要提前买什么东西，到了要给谁打电话，住的是什么名字的酒店，晚上去哪购物，等等。我们除了可以把这些琐碎的事情记在旅行清单上以外，还可以通过记忆法来记忆。正如练习用记忆法背诵购物清单一样，把锻炼记忆方法的过程生活化，有助于我们从本质上改善记忆力。

举例：请用记忆宫殿按顺序记住下面 10 件旅行事务。

1. 出门检查身份证、手机、钥匙、钱包是否带齐。

2. 在超市购买三瓶农夫山泉和一包瓜子。

3. 在火车站和家人乘坐 G4716 次高铁。

4. 上午 11 点给姥姥回电话。

5. 在目的地南广场 A15 口出站。

6. 出站后乘坐车牌号 ET04 的专车。

7. 乘车到解放路 28 号云峰大酒店。

8. 预订的房间是 3022 家庭房。

9. 晚上去七彩城看电影。

10. 乘坐 12 号下午 G5790 次高铁回家。

下面，我们在图 6-1 呈现的厨房中打造一套空间定位系统。

图 6-1　厨房空间定位图
① 水龙头　② 花盆　③ 柜子　④ 铁架　⑤ 碗
⑥ 菜板　⑦ 瓷锅　⑧ 煤气灶　⑨ 花瓶　⑩ 抽屉

第六章
记忆生活中重要的琐事

有了厨房中的空间定位系统（记忆宫殿），接下来只需要把这 10 件旅行事务按顺序定位在相应的记忆挂钩上即可，定位过程如下：

1. 水龙头里伸出一只手向我要钱。（伸手要钱）

2. 花盆里放着三瓶农夫山泉和一包瓜子。

3. 木柜里开出一辆高铁，上面的司机（47）在吃石榴（16）。

4. 铁架上的筷子（11）跑到姥姥家偷吃美食。

5. 碗跑到南广场的金字塔（A）上寻找一只鹦鹉（15）。

6. 菜板上有个外星人（ET）开着专车吃零食（04）。

7. 瓷锅烫伤了恶霸（28），恶霸躲进了云峰大酒店。

8. 煤气灶在房间里骑三轮车（30），三轮车上坐着一对双胞胎（22）。

9. 花瓶里有座七彩城，里面开了家电影院。

10. 抽屉里的婴儿（12）在高铁上拿着武器（57）打酒瓶（90）。

用记忆宫殿定位完毕后，这 10 条旅行事务中的重要信息就精准记住了。

请写出下面空白横线中缺少的信息。

1. 出门检查_____、_____、_____、_____是否带齐。

2. 在超市购买_____和_____。

3. 在火车站和家人乘坐 G_____次高铁。

4. 上午_____点给_____回电话。

5. 在目的地南广场_____口出站。

6. 出站后乘坐车牌号_____的专车。

7. 乘车到解放路_____号_____大酒店。

8. 预订的房间是_____家庭房。

9. 晚上去_____看电影。

10. 乘坐_____号下午 G_____次高铁回家。

好的想象是成功记忆的一半
躲不掉的两个"记忆大坑"
影响人类记忆的"三大魔咒"
独家解密"记忆万能公式"

第七章

记忆万能公式

好的想象是成功记忆的一半

爱因斯坦曾说:"想象力比知识更重要,因为知识是有限的,而想象力概括着世界上的一切,推动着进步,并且是知识进化的源泉。严格地说,想象力是科学研究中的实在因素。"这一论述表明了想象力在人类发展及科学进程中的重要作用,缺乏想象力,科学之树就会枯萎,思想之花就会凋零,文明之路可能就会中断。

古希腊哲学家亚里士多德认为,想象和记忆天生就密不可分。一方面,想象跟记忆一样,需要同时动用我们的左右脑协同工作。想象本质上是一种符号编码过程,可以把左脑逻辑的线性思维转化成右脑的创造性思维;另一方面,联想和想象是记忆过程中的重要组成部分,比如,在利用逻辑、联结、编码、定位等技巧记忆知识点时,就发挥了大脑强大的想象力。我们要想用记忆法记得快、记得牢,就必须学会联想和想象,善用大脑的想象力。不然,就是对大脑资源最大的浪费。而且,高级的记忆方法几乎都是建立在充分想象的基础上的。

第七章
记忆万能公式

在大脑记忆的过程中，如何释放想象力才能让记忆变得更加牢固呢？可以通过想象把没有生命的东西联想成有生命的，或通过想象改变人与其他生命体的外形与行为习惯等。比如，想象石头会走路，云彩会跳舞，房子会说话，把"狗咬人"联想成"人咬狗"。或者把枯燥的记忆内容变得古怪、无厘头，这样记忆就会变得更加生动有趣。

想象的本质是"否定已知"，不寻常的东西或事情更容易吸引大脑的注意力。这就是我们喜欢看动画片和科幻电影的原因。当然，"否定已知"不是说不要相信现实中存在的事情，而是不要纠结对与错，暂时假设我们所有已知的事情是可以改变的。因为，当我们的大脑纠结对与错时，就会很容易被传统逻辑思维局限住，那么想象力就被埋没了。

接下来，我们看一下四种提高想象力的技巧。

第一种，拟人法。

大树——老虎

联结这两个关键词的思路有很多，比如：大树下躺着一只老虎。如果我们想让联结关系变得富有想象力，又好玩有趣，可以联想成：一棵大树骑在老虎的背上，一棵大树咬伤了老虎，一棵大树死死抱住老虎，一棵大树踩伤了老虎的脚，一棵大树吵醒了老虎，等等。是不是越想越搞笑，越想越好玩呢？这就是拟人法。

第二种，夸张法。

沙漠——骨头

这两个关键词可以联想成：沙漠里有一根骨头。如果把记忆的画面变得夸张，可以联想成：沙漠里全是骨头，沙漠里全是血淋淋的骨头，沙漠里全是黄金打造的骨头，沙漠里的骨头在满地爬，沙漠里的骨头堆成山，等等。这就是夸张法。

第三种，放大法。

绣花针——花瓶

这两个关键词可以联想成：绣花针扎在花瓶上。再发挥下想象力，可以想象成：绣花针越变越粗，越变越长，像孙悟空的金箍棒，一棒下去砸碎了花瓶；把绣花针搬到一栋像楼房一样高的花瓶里，等等。这就是放大法。

第四种，破坏法。

其实，上面所讲的"绣花针变成金箍棒砸碎了花瓶"在一定层面也融合了破坏法。以"拖鞋——防盗门"为例，虽然现实中防盗门是非常结实的，但是，在想象的世界里它可以变得非常脆弱，可以联想成：用拖鞋砸开了防盗门，拖鞋砸扁了防盗门，拖鞋在防盗门上砸出一个洞，拖鞋把防盗门砸成了三角形，等等。这些想象既夸张，又有破坏力，这就是破坏法。

除了拟人、夸张、放大、破坏这四种想象技巧外，还有许多好玩有趣的想象思路，比如，合成、环绕、穿越、扭曲、变形等。当然，不管是哪一种想象思路，都需要我们大胆地去联想，想象力就是生产力。

所以，好的想象是成功记忆的一半。

躲不掉的两个"记忆大坑"

记忆法属于修辞学的一部分，是一门语言艺术。我们都知道，在学

第七章
记忆万能公式

习与生活中肯定不是所有的记忆材料都难记。那些简单、逻辑性强、容易理解的记忆材料，一般情况下用大脑先天的记忆能力就可以轻松记住。而记忆法的学习在很大层面上，主要是用来解决那些不好记忆的知识内容。

哪些是"不好记忆的"知识内容呢？第一，在阅读记忆材料的过程中，那些抽象的字词、拗口的句子以及不好理解的逻辑或概念等都不好记忆；第二，在第一次尝试背诵时，那些没记住的内容就是"不好记忆"的材料。大脑很多时候会"眼高手低"，以为自己记住了，在背诵时才发现其实不然，甚至不尽如人意。而第一次背诵是发现问题、找出"不好记忆的"知识内容的最佳时机。所以，大家千万不要在第一次尝试背诵时，因为部分内容没记住而气馁或跌入挫败情绪里。谁都不能保证第一次尝试背诵就能做到100%正确。但是，我们可以把背诵时发现的记忆问题在记忆材料中圈出来，然后再用记忆法"对症下药"去解决。

事实证明，一个人的记忆能力再强，学习和掌握的记忆方法再多，也总会遇到让人头疼的某些记忆问题。研究发现，大脑日常背诵中只会遇到两种记忆问题，也是我们躲不掉的两个"记忆大坑"。

第一种情况，个别信息记不清或记不住。

比如，在记忆课文、古诗、文言文、定义以及概念时，可能句子中的个别字词会记混或记不住；在记忆历史事件时，年代总是记错；在记忆英语单词时拼写会写错（漏字母、多字母、少字母）等。此类问题，可以用编码的思路解决。

举例：

1914年第一次世界大战爆发。

编码：19 药酒 + 14 钥匙

联结：第一次世界大战爆发是因为有人偷走了药酒里的金钥匙。

第二种情况，上下句的记忆关系中断。

比如，在记忆课文、古诗、文言文、定义以及概念时，可能上下句连贯不起来；在记忆历史事件时，年代对应不上；在记忆英语单词时记不住单词的拼写或看到英语单词的拼写想不起来中文意思等。

举例：

boom ［buːm］ n. 繁荣

编码：boo（数字600）+ m 麦当劳

联结：楼下的街道上开了600家麦当劳，很繁荣。

学习离不开"记忆"，我们几乎每天都在背诵。只要背诵，就可能会遇到这两个"记忆大坑"。随着学习和掌握的记忆方法越来越多，在学科实践中总结的经验会越来越丰富。当我们真正理解了大脑记忆的奥秘，任何记忆问题都可以迎刃而解，不攻自破。

请大家一定要相信：问题背后就是答案。

影响人类记忆的"三大魔咒"

古语讲，"大巧无术"。我们要想成为真正顶尖的记忆大师，必须通晓大脑的工作原理，驾驭记忆的规律。在现有的脑科学研究认知里，有关大脑记忆的研究一般是从两个方面进行的：一方面是研究记忆的生理机制，即内在的机理；另一方面是研究记忆的科学规律以及提高记忆力

第七章
记忆万能公式

的方法与途径,即记忆的外在表现。虽然到目前为止记忆的内在机理没有完全被揭晓,但是人们还是找到了一些规律性的东西,发现了影响人类记忆力潜能发挥的"三大魔咒":艾宾浩斯遗忘曲线、魔力之7、前后摄抑制。在日常学习与记忆的过程中,为了避免遗忘,就要科学合理地避开这些魔咒,从而提高大脑学习的效率。

一、艾宾浩斯遗忘曲线

记忆的保持和遗忘是一对冤家,遗忘是从大脑记忆的那一刻开始的。德国心理学家艾宾浩斯对遗忘现象做了系统的研究,他用无意义的音节作为记忆材料,把实验数据绘制成一条曲线,称为艾宾浩斯遗忘曲线(如图7-1)。

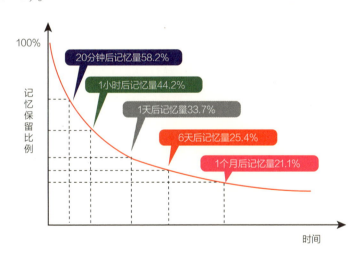

图7-1 艾宾浩斯遗忘曲线图

艾宾浩斯遗忘曲线的纵坐标代表保持量。曲线表明了遗忘发展的一条规律:遗忘进程是不均衡的,在识记的最初阶段遗忘很快,以后逐渐缓慢,到了一定的时间,几乎就不再遗忘了,即遗忘的发展规律是"先快后慢"。

遗忘的进程不仅受时间因素的制约,也受其他因素的制约。通常最先遗忘的是没有重要意义的、不感兴趣的、不需要的材料,不熟悉的比熟悉的遗忘得要早。人们对无意义音节的遗忘速度快于对散文的遗忘,而对散文的遗忘速度又快于韵律诗。

记忆根据其在大脑中保持时间长度的不同主要分为短时记忆和长时记忆。大脑记忆的过程大致是：输入的信息在经过专注学习后,成为人的短时记忆,如果不及时复习,这些已经记住的内容没多久就会被遗忘;如果及时复习,这些短时记忆就会转换为长时记忆,从而在大脑中保留很长时间(如图7－2)。这也是为什么我们要通过复习才能实现深度学习和理解。

图7－2 短时记忆与长时记忆

现在我们已经洞悉了这条遗忘曲线的秘密,如果在记忆的过程中能够顺应大脑的遗忘规律,做出适当的应变,遗忘曲线就会变成"记忆曲线"。仔细观察艾宾浩斯遗忘曲线,我们会发现,学到的知识如果不及时复习,一天后只能记住原来的33.7%。随着时间的推移,遗忘的速度减慢,遗忘的数量也会减少。这一伟大的实验向我们充分证明了一个非常重要的事实：学习离不开复习。

第七章
记忆万能公式

二、魔力之7

大家知道为什么座机号最初选择用7位数字吗？美国心理学家约翰·米勒曾对短时记忆的广度进行过比较精确的测定：正常成年人一次的记忆广度为7±2项内容，多于7项内容则记忆效果不佳。这个"7"就像记忆的紧箍咒一样捆绑着我们的大脑，因此被称为"魔力之7"或"怪数7"。这里的"7"既可以是7个字符，也可是7个汉字、7组词语，甚至可以是7句诗词。由此可知，短时记忆广度的大小不完全取决于被记忆材料的意义，还受到被记忆材料数目的影响。好在有记忆法可以帮助我们解除大脑的"记忆紧箍咒"。

三、前后摄抑制

科学研究发现，人们在记忆时，先摄入大脑的内容会对后来的信息产生干扰，使大脑对后接触的信息印象不深，容易遗忘，这叫前摄抑制（先投入的干扰、抑制后摄入的）；后摄抑制（后摄入的干扰、抑制先前摄入的）正好与前摄抑制相反，由于接受了新内容而忘记前面看过的内容，是新信息干扰旧信息。

如何运用这一规律来强化我们的记忆呢？睡前和醒后是两个绝佳的记忆黄金时段。

睡前的这段时间内可主要用来复习白天或以前学过的内容，对于24小时以内接触过的信息，根据艾宾浩斯遗忘曲线可知能保持26%左右的记忆，这时稍加复习便可恢复记忆，更由于不受后摄抑制的影响，识记材料易储存，会由短时记忆转入长期记忆。另外，研究显示，睡眠过程中记忆并未停止，大脑会对刚接受的信息进行归纳、整理、编码、储存。所以睡前的这段时间非常宝贵。当然，切记不要熬夜。

早晨起床后，由于不会受前摄抑制的影响，记忆新内容或再复习一遍前一晚复习过的内容，整个上午都会记忆犹新。所以说睡前和醒后这两个时间段千万不要浪费，如能充分利用，学习效果将事半功倍。

独家解密"记忆万能公式"

俗话说"真传一句话，假传万卷书"。其实，在本书中分享和讲解的记忆方法有很多。不过，万法归一，任何记忆方法归根结底都没有逃出"记忆万能公式"的范畴。

接下来，就在书中独家解密"记忆万能公式"。

$$M = (C_1 + C_2)^\infty \cdot R$$

M = Memory（记忆）

C_1 = Code（编码）

C_2 = Connect（联结）

∞ = Imagine（想象）

R = Review（复习）

注：∞代表着"无限想象"。

如果把记忆万能公式用中文替换，就是：

$$记忆 =（编码+联结）^\infty \cdot 复习$$

如何理解记忆万能公式呢？

前面提到过，在日常背诵中会遇到两种记忆问题：一种是个别信息记不清或记不住，此类问题可以用"编码"解决；另一种是上下句的记

第七章
记忆万能公式

忆关系中断，导致记忆短路，此类问题可以用"联结"解决。也就是说，在用记忆法背诵知识的过程中，其实是在不断地做编码和联结这两个工作。好记的内容大脑会自动编码和联结，不好记的内容大脑需要通过联想和想象"刻意"编码和联结。所以，归根结底记忆就是大脑无意识或有意识编码和联结的一种思维过程。所以"记忆 = 编码 + 联结"。

但是为什么"编码 + 联结"的右上角还有一个"∞"符号呢？∞ 代表着"无限想象"，大脑在记忆过程中，每一次联想和想象都可能让记忆的牢固性呈几何级数增长。之所以用∞，而不是具体的数值，是因为每个人在记忆过程中针对同一个记忆材料联想和想象的程度不一样。有的人可能只是初级的联想和想象，例如 scar（伤疤），可以编码为 s（蛇）+ car（小汽车），联结为一条蛇在小汽车上发现一道伤疤。这种联结关系和画面比较平淡，只是增加了一个简单的词"发现"，就把"s（蛇）"和"car（小汽车）"以及中文意思"伤疤"联结起来了。假设这次的想象水平是 1，那么"编码 + 联结"的 1 次方还是"（编码 + 联结）"。

如果在联结过程中融入更丰富且夸张的联想和想象，比如，想象成"一条巨蟒撞到了小汽车后留下一道很深的伤疤"，这样的联结关系和画面对于大脑来说，无论是在记忆关系的牢固性上，还是在视觉冲击力（画面感）上，都要远超于之前的联结过程。假设这次的想象水平是 3，那么"编码 + 联结"的 3 次方肯定比 1 次方的数值要大。可是由于想象力没有办法给出一个具体的测评标准，所以用"∞"符号代表"无限想象"，因为任何一种可能都存在。而且，想象的程度越深，记忆的牢固性就越强。

记忆万能公式后面的"·R"代表着"乘以复习次数"（R =

Review，是复习的意思）。它和"∞"不同，"∞"代表的是几何级增长，而"·"（乘号）代表着线性增长。复习是一种简单、机械的重复性工作，每复习一次就加深一倍的牢固性，是记忆过程中必不可少的重要环节。前文讲过神经筛剪是大脑剔除陈旧无用的神经连接（记忆）的自然过程，由于这些连接会自然退化，因此重复和强化已有的知识对于学习来说十分重要。及时复习会使这些神经连接更为牢固，并逐渐使其成为长期知识体系的一部分。

所以，在日常学习中如果遇到难记的知识点，就问问自己，这个记忆问题是需要做编码呢？还是需要做联结？或是需要编码和联结"双管齐下"同步进行？因为记忆法万变不离其宗，大脑记忆过程中遇到的任何问题都逃不出万能公式的"管辖范围"。

记忆万能公式就是一把启动我们大脑"记忆引擎"的金钥匙。

记忆大师的两项修炼

记忆大师的 21 天训练日志

第八章

记忆大师养成计划

记忆大师的两项修炼

在一场一英里的赛跑中,当第一位职业运动员用4分钟的时间冲过终点线后,全世界的运动专家、生理学家都断言,4分钟跑完一英里的距离是人类的极限,不可能再有人突破。但是,这一断言却被一个名不见经传的教练,用并不复杂的方法,帮助一位业余运动员打破了。这位教练把一英里分成8等份的距离,根据选手体能,计算出通过每一等份距离应该用的时间。然后在每一个等份处都安排一个小教练计时,报告给运动员,"太快了,悠着点儿""慢了,该加油冲了"。有意思的是,这个最早突破"极限"的人竟然是一位医学院的学生!此后,所有职业运动员都能突破这个所谓的"生理极限"。这个故事给我们最大的启示是:一切皆有可能。所谓的"极限"可能只是我们认知能力的界限而已。所以,要想从大脑机能层面提高记忆力,我们对于记忆法的学习就不能浅尝辄止。

接下来,我们要追随"记忆大师"的脚印,继续前行,突破脑力极限。

第八章
记忆大师养成计划

一、刻意练习

安德斯·艾利克森博士是美国佛罗里达州立大学心理学教授，他在《刻意练习》一书中提到，杰出并非一种天赋，而是一种人人都可以学习的技巧，成为杰出人物的关键在于刻意练习。成功需要刻苦，但真正的天才之道在于刻意练习。

在古典音乐界，莫扎特被公认为是不折不扣的天才。他七岁环欧洲旅行演出，能弹奏多种乐器，会作曲，具有完美音高，能识别出升 A 调或降 E 调。这些羡煞旁人的种种技能都加持在一个七岁的孩子身上，好像非天才难以解释。然而，大部分人其实并不了解，莫扎特的父亲也是一名音乐家，他在培养出钢琴演奏家的女儿之后，更加用心地训练年幼的莫扎特，使他得以在极小的年纪就进行了大量且目的明确的练习。而且单就完美音高而言，2014 年日本心理学家榊原彩子进行的一项实验，就证明了一直被认为天才标志的完美音高，实则通过刻意练习也可以为普通人所掌握。

艾利克森博士通过对大量所谓"天才"人物的研究发现，人们之所以认为天才拥有与生俱来的某种特殊的能力，不用特意训练仍然能成为杰出人物，很大程度上是由于信息的不对称以及人们对传奇故事的本能向往。就像莫扎特的故事一样，又有几个人知道他的父亲也是一名音乐家呢？假设莫扎特的父亲是一个修鞋匠，在世界音乐史上还会有"莫扎特"这三个字吗？这些都是值得我们深思的问题。

其实，对任何方法的学习都不是一蹴而就的。学习记忆法就像学骑自行车一样，刚开始学会时可能骑得并不是特别稳，晃晃悠悠，更别提用自行车载货或载人了。随着练习的不断深入，自行车就会骑得越来稳，再去载货或载人时才能更稳定和安全。

刻意练习中有个3F原则，即：

专注（Focus）——聚焦在学习的目标上，管理大脑和身体的各种细微反应。

反馈（Feedback）——发现问题，正视问题，找解决方案，不跌进坏情绪里。

纠正（Fix it）——纠正错误和精进技巧，使自己的技能精益求精。

所以，请大家保持对记忆法的"好奇心"，刻意练习会使我们遇到更好的自己。

二、刻意复习

记忆的基本过程是由识记、保持、回忆和再认三个环节组成的。识记是记忆过程的开端，是对事物进行识别和记忆，并形成一定印象的过程；保持是对识记内容的一种强化，使之能更好地成为经验；回忆和再认是对过去经验的两种不同再现形式。记忆过程中的这三个环节是相互联系、相互制约的。识记是保持的前提，没有保持也就没有回忆和再认，而回忆和再认又是检验识记和保持效果好坏的指标。由此看来，记忆的这三个环节缺一不可。

记忆的牢固性（保持）会决定大脑回忆和再认的效率，而刻意复习是增强记忆牢固性最直接有效的方式。任何不经过复习的记忆内容都有可能被大脑遗忘。艾宾浩斯在他的《记忆心理学》一书中不仅深刻阐述了艾宾浩斯遗忘曲线，同时还给出了一套科学复习周期时间表，见表8-1。

表 8-1　复习周期表

复习周期	时间节点
第一个复习周期	5 分钟
第二个复习周期	30 分钟
第三个复习周期	12 小时
第四个复习周期	1 天
第五个复习周期	2 天
第六个复习周期	4 天
第七个复习周期	7 天
第八个复习周期	15 天

这套复习周期时间表非常详细地指出了每次复习的时间节点，但只有极少数人能按照这个时间表进行复习。究其原因，基本上都是"时间不允许"。所以，建议大家参考下面几个时间节点进行复习：

1. 记忆完毕后马上进行一轮复习。

2. 临睡前进行一轮复习，约晚上 9 点左右。

3. 第二天上学途中或晨读时间进行一轮复习，约上午 8 点左右。

4. 每个月末或考前一周进行一轮集中复习。

艾宾浩斯遗忘曲线是在实验室中经过大量测试后，根据不同的记忆数据，生成的一种曲线，是一个具有共性的群体规律。此记忆曲线并不考虑接受实验的个人的个性特点，而是一种普遍的记忆规律。

由于每个人的生理特点、生活习惯和学习经历不同，会有不同的记忆习惯、记忆方式和记忆特点。如果一个人的记忆规律与记忆特点相吻合，那么就如顺水扬帆，一日千里；如果与个人记忆特点相悖，记忆效果则可能会大打折扣。因此，我们要根据自身不同的学习特点，寻找属于自己的复习节奏。

切记：任何记忆都离不开刻意复习。

记忆大师的 21 天训练日志

如果非要给"最强大脑"下一个定义，应该怎样去定义它呢？如果仅从大脑记忆能力的层面来定义，会显得非常片面。因为大脑只有与外部环境，如家庭、学校、社会等有所联结，才能称为完整的个体。如果现代科技可以让达·芬奇、牛顿、爱迪生、爱因斯坦、尼古拉·特斯拉等伟大的科学家们复活，他们真的未必能够在《最强大脑》中挑战成功。尽管如此，他们却推动了人类科技和文明的不断进步，改善了人们的生活品质，甚至世界的面貌。其实，他们才是真正的"最强大脑"。

拥有"最强大脑"的人不只是一个天赋异禀或拥有惊人才能的记忆超人或心算达人。他可能是一个想象力丰富的孩子，一个精通多国语言的学生，一个专业技术过硬的上班族，某个领域的科学家，甚至是一个普普通通却身怀绝技的工人或农民。只要大脑中的知识和经验可以为己所用解决问题和创造价值，他就是自己领域中的"最强大脑"。

普通人常抱怨自己学到的知识"没有用"。是的，很多知识确实"没有用"。不过不是知识没用，而是我们"没有去用"它。我们总不能把新买的自行车丢在一旁，不去骑它，任其风吹日晒，不管不问，

第八章
记忆大师养成计划

然后某天却对着它大喊"你这辆懒惰的自行车,怎么不自己跑过来载我去上学,真没用"。所以,脑科学家提醒我们:大脑用则进,废则退。

达·芬奇可以用画笔画出惊世骇俗的作品,而普通人则只能用画笔画出连自己都看不懂的"涂鸦"。画笔没变,变的是使用画笔的人。刻意练习吧,朋友。让记忆法这套神奇的画笔帮助我们画出五彩斑斓的人生。

相信"相信的力量"。

21天的刻意练习是记忆法学习者要完成的初级阶段的训练任务,包括以下四个训练项目。

项目一:圆周率前100位计时背诵测试。

目的:熟练《数字密码本》,学会控制回忆节奏,强化三大记忆方法。

项目二:随机数字计时测试。

目的:灵活应用数字编码,有利于记忆学科中遇到的所有数字信息。

项目三:随机词语计时测试。

目的:强化与训练中文信息之间的联结记忆能力,有利于记忆学科中的文字信息。

项目四:随机字母计时测试。

目的:熟练《单词密码本》,提高对字母编码的反应速度,有利于提高单词记忆效率。

记忆大师 21 天训练日志

第 1 天训练日志

1. 圆周率前 100 位计时背诵。

   第 1 次计时：_____　　第 2 次计时：_____

2. 随机数字计时记忆（请将以下 20 个数字按顺序记忆并计时）。

2	8	7	6	5	4	5	8	6	7	4	9	0	4	2	3	5	6	7	8

   记忆时间：_____　　正确个数：_____

3. 随机中文词语计时记忆（请将以下 10 个词语按顺序记忆并计时）。

   榴莲　褪色　追星　烤鸡　轰炸机　肌肉　举行　试管　蝎子　玫瑰花

   记忆时间：_____　　正确个数：_____

4. 随机字母计时记忆（请将以下 10 个字母按顺序记忆并计时）。

t	h	m	a	t	i	o	n	s	t

   记忆时间：_____　　正确个数：_____

第 2 天训练日志

1. 圆周率前 100 位计时背诵。

   第 1 次计时：_____　　第 2 次计时：_____

2. 随机数字计时记忆（请将以下 20 个数字按顺序记忆并计时）。

8	5	6	7	9	0	6	4	3	6	8	9	0	7	5	3	5	7	8	9

   记忆时间：_____　　正确个数：_____

3. 随机中文词语计时记忆（请将以下 10 个词语按顺序记忆并计时）。

点心　奶昔　发蜡　首领　奶瓶　牛肉干　肉松　云纹　火鸡　化验员

记忆时间：_____　　正确个数：_____

4. 随机字母计时记忆（请将以下 10 个字母按顺序记忆并计时）。

| s | m | a | b | a | s | s | c | o | m |

记忆时间：_____　　正确个数：_____

第 3 天训练日志

1. 圆周率前 100 位计时背诵。

　　第 1 次计时：_____　　第 2 次计时：_____

2. 随机数字计时记忆（请将以下 20 个数字按顺序记忆并计时）。

| 8 | 0 | 7 | 6 | 4 | 5 | 6 | 3 | 2 | 6 | 8 | 9 | 0 | 5 | 3 | 2 | 2 | 1 | 3 | 4 |

记忆时间：_____　　正确个数：_____

3. 随机中文词语计时记忆（请将以下 10 个词语按顺序记忆并计时）。

宾馆　毛巾　绿箭　含义　灯油　壁橱　采访　电熨斗　贫血　洗头膏

记忆时间：_____　　正确个数：_____

4. 随机字母计时记忆（请将以下 10 个字母按顺序记忆并计时）。

| b | r | o | u | s | m | e | n | t | c |

记忆时间：_____　　正确个数：_____

第 4 天训练日志

1. 圆周率前 100 位计时背诵。

   第 1 次计时：_____   第 2 次计时：_____

2. 随机数字计时记忆（请将以下 20 个数字按顺序记忆并计时）。

7	7	4	3	8	9	4	8	7	4	7	8	0	9	8	5	4	2	1	6

   记忆时间：_____   正确个数：_____

3. 随机中文词语计时记忆（请将以下 10 个词语按顺序记忆并计时）。

   文件夹 扬子鳄 褪色 柚子 蓝色 急诊 零食 超市 火山 河流

   记忆时间：_____   正确个数：_____

4. 随机字母计时记忆（请将以下 10 个字母按顺序记忆并计时）。

c	r	t	i	v	e	c	t	k	r

   记忆时间：_____   正确个数：_____

第 5 天训练日志

1. 圆周率前 100 位计时背诵。

   第 1 次计时：_____   第 2 次计时：_____

2. 随机数字计时记忆（请将以下 20 个数字按顺序记忆并计时）。

5	7	8	4	3	2	5	6	8	0	9	0	5	6	3	4	2	8	8	9

   记忆时间：_____   正确个数：_____

3. 随机中文词语计时记忆（请将以下 10 个词语按顺序记忆并计时）。

   校长 威士忌 高原 厨具 纺织品 课桌 慌忙 阻挡 神父 账单

   记忆时间：_____   正确个数：_____

4. 随机字母计时记忆（请将以下 10 个字母按顺序记忆并计时）。

b	r	a	d	m	p	t	i	v	e

记忆时间：_____　　正确个数：_____

第 6 天训练日志

1. 圆周率前 100 位计时背诵。

　　第 1 次计时：_____　　第 2 次计时：_____

2. 随机数字计时记忆（请将以下 20 个数字按顺序记忆并计时）。

3	4	6	6	2	4	9	0	4	5	1	2	5	6	8	9	5	3	4	0

记忆时间：_____　　正确个数：_____

3. 随机中文词语计时记忆（请将以下 10 个词语按顺序记忆并计时）。

社团　剪刀　货币　沙丁鱼　法西斯　音域　骨科　悬崖　椰奶　建筑

记忆时间：_____　　正确个数：_____

4. 随机字母计时记忆（请将以下 10 个字母按顺序记忆并计时）。

b	o	s	u	c	o	n	v	e	y

记忆时间：_____　　正确个数：_____

第 7 天训练日志

1. 圆周率前 100 位计时背诵。

　　第 1 次计时：_____　　第 2 次计时：_____

2. 随机数字计时记忆（请将以下 20 个数字按顺序记忆并计时）。

4	7	8	0	4	5	7	8	4	2	1	8	9	6	5	0	0	9	5	8

记忆时间：_____　　正确个数：_____

3. 随机中文词语计时记忆（请将以下 10 个词语按顺序记忆并计时）。

康乃馨　连体　泡泡裙　叉烧包　苹果　岛屿　床　圆圈　导演　绿卡

记忆时间：_____　　正确个数：_____

4. 随机字母计时记忆（请将以下 10 个字母按顺序记忆并计时）。

h	t	n	t	x	y	s	t	r	p

记忆时间：_____　　正确个数：_____

第 8 天训练日志

1. 圆周率前 100 位计时背诵。

　　第 1 次计时：_____　　第 2 次计时：_____

2. 随机数字计时记忆（请将以下 30 个数字按顺序记忆并计时）。

8	9	0	5	6	5	4	3	3	2	8	0	0	6	5
8	9	3	1	5	8	0	6	7	8	9	0	0	5	6

记忆时间：_____　　正确个数：_____

3. 随机中文词语计时记忆（请将以下 15 个词语按顺序记忆并计时）。

玫瑰　休战　方便面　盲肠　海滩　鱼雷艇　联合国　人造卫星

火锅　大臣　落地灯　鱼塘　蒸锅　身份证　结婚

记忆时间：_____　　正确个数：_____

4. 随机字母计时记忆（请将以下 15 个字母按顺序记忆并计时）。

| k | n | b | r | f | r | k | p | s | m | e | n | t | l | t |

记忆时间：_____   正确个数：_____

第 9 天训练日志

1. 圆周率前 100 位计时背诵。

   第 1 次计时：_____   第 2 次计时：_____

2. 随机数字计时记忆（请将以下 30 个数字按顺序记忆并计时）。

| 5 | 8 | 7 | 8 | 9 | 6 | 7 | 5 | 6 | 4 | 4 | 5 | 0 | 9 | 6 |
| 7 | 4 | 5 | 7 | 8 | 1 | 1 | 2 | 3 | 5 | 6 | 8 | 9 | 0 | 6 |

记忆时间：_____   正确个数：_____

3. 随机中文词语计时记忆（请将以下 15 个词语按顺序记忆并计时）。

   银杏树　行李　化妆品　腰疼　火山　垃圾桶　点心　章法
   踢踏舞　疲倦　职业病　阵容　机场　夏威夷　疗养

记忆时间：_____   正确个数：_____

4. 随机字母计时记忆（请将以下 15 个字母按顺序记忆并计时）。

| n | d | e | x | a | n | t | a | k | f | u | m | o | o | n |

记忆时间：_____   正确个数：_____

第 10 天训练日志

1. 圆周率前 100 位计时背诵。

   第 1 次计时：_____   第 2 次计时：_____

2. 随机数字计时记忆（请将以下 30 个数字按顺序记忆并计时）。

3	7	8	6	4	3	6	7	0	9	6	7	8	3	4
2	1	7	9	0	6	5	3	4	7	8	9	5	7	8

记忆时间：_____　　正确个数：_____

3. 随机中文词语计时记忆（请将以下 15 个词语按顺序记忆并计时）。

奶油　树桩　帆船　道路　油菜　狡猾　牛肉粒　阳光

后人　绷带　生活　电影　地铁　黄瓜　小红帽

记忆时间：_____　　正确个数：_____

4. 随机字母计时记忆（请将以下 15 个字母按顺序记忆并计时）。

m	a	j	u	c	e	b	a	e	l	e	n	g	c	o

记忆时间：_____　　正确个数：_____

第 11 天训练日志

1. 圆周率前 100 位计时背诵。

第 1 次计时：_____　　第 2 次计时：_____

2. 随机数字计时记忆（请将以下 30 个数字按顺序记忆并计时）。

7	8	9	5	6	7	8	9	3	3	4	5	1	2	7
8	9	0	7	6	3	5	7	8	9	4	3	2	8	9

记忆时间：_____　　正确个数：_____

3. 随机中文词语计时记忆（请将以下 15 个词语按顺序记忆并计时）。

袋鼠　金刚　雪花　水彩笔　皮鞋　渔船　四季豆　豆芽

陨石　蚯蚓　宙斯　冷空气　黑马　黄蜂　消防车

记忆时间：_____　　正确个数：_____

4. 随机字母计时记忆（请将以下15个字母按顺序记忆并计时）。

k	e	r	w	a	p	y	s	t	r	o	b	m	b	j

记忆时间：_____　　　正确个数：_____

第 12 天训练日志

1. 圆周率前 100 位计时背诵。

   第 1 次计时：_____　　　第 2 次计时：_____

2. 随机数字计时记忆（请将以下 30 个数字按顺序记忆并计时）。

6	4	5	9	0	7	8	4	5	3	7	8	2	9	0
5	6	8	7	3	4	2	1	6	8	9	0	5	6	7

记忆时间：_____　　　正确个数：_____

3. 随机中文词语计时记忆（请将以下 15 个词语按顺序记忆并计时）。

　　　　金条　雷电　校长室　工厂　首饰　糕点　胆小　甲壳虫

　　　　婴儿　草原　小羊驼　峡谷　调频　猪圈　宾馆

记忆时间：_____　　　正确个数：_____

4. 随机字母计时记忆（请将以下 15 个字母按顺序记忆并计时）。

e	t	f	u	n	a	k	t	i	v	e	l	y	e	x

记忆时间：_____　　　正确个数：_____

第 13 天训练日志

1. 圆周率前 100 位计时背诵。

   第 1 次计时：_____　　　第 2 次计时：_____

2. 随机数字计时记忆（请将以下 30 个数字按顺序记忆并计时）。

3	4	5	6	7	9	0	7	8	4	3	2	6	7	8
9	0	7	5	3	4	6	7	8	9	4	5	7	8	1

记忆时间：_____　　正确个数：_____

3. 随机中文词语计时记忆（请将以下 15 个词语按顺序记忆并计时）。

西班牙　法院　床罩　衣柜　鲜血　汉堡包　马戏　橡皮

长方形　牙膏　客机　冰块　暗示　打蛋器　飞镖

记忆时间：_____　　正确个数：_____

4. 随机字母计时记忆（请将以下 15 个字母按顺序记忆并计时）。

f	r	c	h	a	l	c	a	r	d	y	s	u	n	c

记忆时间：_____　　正确个数：_____

第 14 天训练日志

1. 圆周率前 100 位计时背诵。

第 1 次计时：_____　　第 2 次计时：_____

2. 随机数字计时记忆（请将以下 30 个数字按顺序记忆并计时）。

2	3	5	7	7	8	0	6	3	4	1	6	9	0	5
4	2	6	8	9	0	8	4	6	5	1	1	2	8	0

记忆时间：_____　　正确个数：_____

3. 随机中文词语计时记忆（请将以下 15 个词语按顺序记忆并计时）。

舰队　灯光　珍珠　棒棒糖　食堂　跆拳道　骨折　钢铁侠

第八章
记忆大师养成计划

弹簧　触电　床罩　大超市　职员　开心果　可乐

记忆时间：_____　　　正确个数：_____

4. 随机字母计时记忆（请将以下 15 个字母按顺序记忆并计时）。

s	u	n	c	r	m	a	n	s	t	m	e	n	t	l

记忆时间：_____　　　正确个数：_____

第 15 天训练日志

1. 圆周率前 100 位计时背诵。

　　第 1 次计时：_____　　　第 2 次计时：_____

2. 随机数字计时记忆（请将以下 40 个数字按顺序记忆并计时）。

4	3	2	1	5	6	7	8	9	0	5	6	7	4	1	2	3	8	9	8
9	6	5	7	8	9	4	5	2	3	4	5	7	9	0	0	9	6	4	6

记忆时间：_____　　　正确个数：_____

3. 随机中文词语计时记忆（请将以下 20 个词语按顺序记忆并计时）。

绿化　化学　黄油　石柱　炮弹　拉肚子　手提箱　批评　长臂猿　呼啦圈
黑洞　父母　游玩　魔方　立体　绿豆糕　美术课　课桌　大喇叭　补课

记忆时间：_____　　　正确个数：_____

4. 随机字母计时记忆（请将以下 20 个字母按顺序记忆并计时）。

w	o	t	i	c	o	p	r	n	t	x	x	l	r	p	s	t	o	m	y

记忆时间：_____　　　正确个数：_____

第 16 天训练日志

1. 圆周率前 100 位计时背诵。

   第 1 次计时：＿＿＿＿＿＿＿＿　　第 2 次计时：＿＿＿＿＿＿＿＿

2. 随机数字计时记忆（请将以下 40 个数字按顺序记忆并计时）。

5	6	8	5	3	4	8	0	9	0	6	7	8	8	9	0	5	6	3	4
7	7	8	0	9	5	6	3	3	1	2	7	8	9	5	7	4	9	0	5

   记忆时间：＿＿＿＿＿＿＿＿　　正确个数：＿＿＿＿＿＿＿＿

3. 随机中文词语计时记忆（请将以下 20 个词语按顺序记忆并计时）。

   黑珍珠　咖啡　商人　木头　工人　鳗鱼　化妆　输血　闪电　海鲜
   章鱼哥　校长　游戏　狮子　踢球　香肠　苹果　部落　地毯　金币

   记忆时间：＿＿＿＿＿＿＿＿　　正确个数：＿＿＿＿＿＿＿＿

4. 随机字母计时记忆（请将以下 20 个字母按顺序记忆并计时）。

d	y	k	n	d	r	a	b	s	h	i	r	d	p	l	t	i	o	n	s

   记忆时间：＿＿＿＿＿＿＿＿　　正确个数：＿＿＿＿＿＿＿＿

第 17 天训练日志

1. 圆周率前 100 位计时背诵。

   第 1 次计时：＿＿＿＿＿＿＿＿　　第 2 次计时：＿＿＿＿＿＿＿＿

2. 随机数字计时记忆（请将以下 40 个数字按顺序记忆并计时）。

6	7	3	4	2	1	2	7	6	8	9	5	7	8	4	3	4	5	0	9
7	8	9	7	9	5	6	4	3	6	7	9	0	8	7	7	5	3	2	1

   记忆时间：＿＿＿＿＿＿＿＿　　正确个数：＿＿＿＿＿＿＿＿

第八章 记忆大师养成计划

3．随机中文词语计时记忆（请将以下20个词语按顺序记忆并计时）。

水果刀　鼠标　海报　长头发　拉链　滑雪　教堂　护套　老虎滩　榴莲
君子兰　白色　双手　轰炸机　冰岛　太阳　冰糖　零钱　酸梅汤　热水袋

记忆时间：_____　　　　正确个数：_____

4．随机字母计时记忆（请将以下20个字母按顺序记忆并计时）。

| l | t | d | y | h | u | i | c | r | h | o | m | e | t | i | m | e | n | t | x |

记忆时间：_____　　　　正确个数：_____

第 18 天训练日志

1．圆周率前100位计时背诵。

第1次计时：_____　　　　第2次计时：_____

2．随机数字计时记忆（请将以下40个数字按顺序记忆并计时）。

| 5 | 8 | 9 | 4 | 6 | 8 | 0 | 3 | 2 | 6 | 8 | 0 | 2 | 4 | 8 | 0 | 1 | 3 | 2 | 7 |
| 9 | 0 | 6 | 8 | 9 | 4 | 5 | 3 | 8 | 6 | 1 | 2 | 0 | 9 | 5 | 6 | 8 | 9 | 4 | 5 |

记忆时间：_____　　　　正确个数：_____

3．随机中文词语计时记忆（请将以下20个词语按顺序记忆并计时）。

大本钟　雄狮　考场　公交车　解剖　喇叭裙　草地　渴望　章鱼　电梯
水果摊　检阅　酸奶　洋娃娃　崩溃　斧头帮　赛跑　大雨　航空　冷冻

记忆时间：_____　　　　正确个数：_____

4．随机字母计时记忆（请将以下20个字母按顺序记忆并计时）。

| p | l | a | n | t | k | t | b | u | r | t | b | i | e | r | y | e | n | a | i |

记忆时间：_____　　　　正确个数：_____

第 19 天训练日志

1. 圆周率前 100 位计时背诵。

    第 1 次计时：_____　　第 2 次计时：_____

2. 随机数字计时记忆（请将以下 40 个数字按顺序记忆并计时）。

| 5 | 8 | 9 | 4 | 6 | 8 | 0 | 3 | 2 | 6 | 8 | 0 | 2 | 4 | 8 | 0 | 1 | 3 | 2 | 7 |
| 9 | 0 | 6 | 8 | 9 | 4 | 5 | 3 | 8 | 6 | 1 | 2 | 0 | 9 | 5 | 6 | 8 | 9 | 4 | 5 |

    记忆时间：_____　　正确个数：_____

3. 随机中文词语计时记忆（请将以下 20 个词语按顺序记忆并计时）。

    鲨鱼　云彩　沙漠　课本　鲁迅　比赛　掩耳盗铃　地球　水杯　书架
    冰块　骆驼　黑色　动画　电线　篮球　万马奔腾　厨师　考试　勋章

    记忆时间：_____　　正确个数：_____

4. 随机字母计时记忆（请将以下 20 个字母按顺序记忆并计时）。

| r | i | m | o | t | r | e | e | s | f | h | a | c | i | s | u | t | i | o | n |

    记忆时间：_____　　正确个数：_____

第 20 天训练日志

1. 圆周率前 100 位计时背诵。

    第 1 次计时：_____　　第 2 次计时：_____

2. 随机数字计时记忆（请将以下 40 个数字按顺序记忆并计时）。

| 5 | 6 | 3 | 4 | 5 | 2 | 3 | 1 | 7 | 8 | 0 | 0 | 9 | 5 | 7 | 8 | 5 | 3 | 2 | 1 |
| 7 | 8 | 6 | 4 | 5 | 9 | 6 | 7 | 0 | 0 | 6 | 8 | 4 | 1 | 2 | 6 | 8 | 7 | 4 | 9 |

    记忆时间：_____　　正确个数：_____

3. 随机中文词语计时记忆（请将以下 20 个词语按顺序记忆并计时）。

食物链　战争　蛋花汤　雕刻　胡椒　快餐厅　大象　聊天　书法　年轻
棉花糖　医院　照片墙　肋骨　法律　饮水机　煎饼　松树　记者　网友

记忆时间：_____　　　正确个数：_____

4. 随机字母计时记忆（请将以下 20 个字母按顺序记忆并计时）。

| r | i | m | o | t | r | e | e | s | f | h | a | c | i | s | u | t | i | o | n |

记忆时间：_____　　　正确个数：_____

第 21 天训练日志

1. 圆周率前 100 位计时背诵。

　　第 1 次计时：_____　　　第 2 次计时：_____

2. 随机数字计时记忆（请将以下 40 个数字按顺序记忆并计时）。

| 7 | 0 | 6 | 4 | 2 | 3 | 7 | 8 | 9 | 1 | 2 | 1 | 5 | 6 | 7 | 8 | 9 | 0 | 9 | 6 |
| 4 | 5 | 8 | 9 | 0 | 6 | 4 | 1 | 2 | 7 | 8 | 9 | 0 | 6 | 5 | 3 | 4 | 8 | 9 | 0 |

记忆时间：_____　　　正确个数：_____

3. 随机中文词语计时记忆（请将以下 20 个词语按顺序记忆并计时）。

火焰　粉丝　冰咖啡　香菜　黎明　奶片　十字路口　举重　光芒　南瓜
太极　老人　火烈鸟　呕吐　司令　建筑　世界一流　冲浪　眼睛　胶带

记忆时间：_____　　　正确个数：_____

4. 随机字母计时记忆（请将以下 20 个字母按顺序记忆并计时）。

| t | i | o | n | c | r | p | y | t | i | v | e | m | e | n | l | a | n | h | u |

记忆时间：_____　　　正确个数：_____

鲁迅先生曾说:"教育根植于爱。"

谨借此书出版之际,

特别致谢在我大脑教育领域中的"引路人",

我的"启明星"——姬广星先生。

以梦为马,愿"梦"成真!